Pigion y Talwrn  13

Pigion y Talwrn

13

Gol. Ceri Wyn Jones

Cyhoeddiadau Barddas

Argraffiad cyntaf 2016

ISBN 978-190-6396-95-4

Argraffwyd gan Y Lolfa, Talybont.

CYNNWYS

CYFLWYNIAD

Dyma'r drydedd gyfrol ar ddeg o bigion *Y Talwrn*, y rhaglen radio hynod honno a ddaeth i'r byd ym 1979 ac sydd, 36 o gyfresi'n ddiweddarach, yn para i ddiddanu cynulleidfaoedd ar hyd a lled y wlad.

Dyma'r gyfrol pigion gyntaf i mi ei golygu ac, wrth gwrs, y gyntaf i beidio â bod o dan olygyddiaeth fy rhagflaenydd fel Meuryn y gyfres, sef Gerallt Lloyd Owen, y Gerallt hwnnw y mae ei ddylanwad a'i absenoldeb yn para mor fawr o hyd.

Pleser a phen tost yw cyflwyno'r gyfrol hon i chi'r darllenwyr a'r gwrandawyr. Pleser am ei bod hi'n fraint cael gwneud o wybod cystal yw'r cynnyrch sydd rhwng ei chloriau; pen tost am y bu'n rhaid i mi hepgor cymaint o gerddi gwerth chweil er mwyn cyrraedd y detholiad terfynol hwn.

Mae'n cynnwys y goreuon o'r cerddi hynny a ddarlledwyd ar *Y Talwrn* rhwng mis Ionawr 2012 a mis Awst 2016, ffrwyth fy mhum cyfres gyntaf i wrth y llyw. Rwy'n gwybod erbyn hyn beth yw ystyriaethau ymarferol gadael i bum mlynedd fynd heibio, oherwydd mae wedi golygu gorfod ailddarllen a dewis o blith rhyw 2,700 o gerddi unigol (9 cerdd bob rhaglen x 2 dîm x 30 rhaglen bob cyfres x 5 cyfres = 2,700)!

Yn ôl arfer Gerallt, ni chynhwysais ganeuon *Y Talwrn*, oherwydd eu hyd ac oherwydd y ffaith taw cerdd i'w pherfformio yw cân *Y Talwrn* yn ei hanfod. Ac o ran y cywyddau, y telynegion a'r sonedau, ni chynhwysais (gydag eithriadau) y cerddi hynny a gyhoeddwyd yn y cyfamser yng nghyfrolau unigol rhai o'r beirdd. Yn wir, mae'n destun balchder fod cymaint o feirdd *Y Talwrn* ymhlith rhengoedd blaenaf ein beirdd cyhoeddedig yng Nghymru, heb sôn am fod yn enillwyr cenedlaethol ac yn ffigurau amlwg ar lwyfannau ledled y wlad ac ar blatfformau electronig na ddychmygodd neb eu bodolaeth 'nôl ym 1979!

Diolch, felly, i Gyhoeddiadau Barddas ac Elena Gruffudd am y gwahoddiad i wneud y detholiad hwn, i Huw Meirion Edwards am ei lygad barcud ac i Elgan Griffiths am ei lygad dylunio.

Nid swydd ond swyddogaeth yw jobyn y Meuryn: y mae iddi gyfrifoldeb ac arwyddocâd y tu hwnt i ddyletswyddau arferol paratoi a chyflwyno rhaglen radio. Rwy'n ddiolchgar, felly, i bawb sydd o gymorth i mi wrth i mi ysgwyddo'r gwaith hwnnw, yn eu plith, Dwynwen Morgan, cynhyrchydd *Y Talwrn*, a sawl aelod arall o staff y BBC.

Rwy' am ddiolch hefyd i'r beirdd am eu cerddi, eu cwmnïaeth a'u graslonrwydd. Nhw, wedi'r cwbwl, yw'r rhaglen, ac rwy'n gwybod o brofiad gymaint yw eu gwaith a'u gofid cyn cyrraedd y meic ar noson recordio. Mae perygl ein bod ni weithiau'n cymryd sefydliad fel *Y Talwrn* yn ganiataol, yn hytrach na rhyfeddu bod rhaglen sy'n rhoi llwyfan mor gyson o gyhoeddus i farddoniaeth yn beth mor eithriadol o brin. Diolch, felly, i'r beirdd am bob cefnogaeth.

Ond, yn anad neb arall, rwy' am ddiolch i chi'r gwrandawyr, a diolch i chi'n enwedig am ddeall – a hyd yn oed maddau i mi o bryd i'w gilydd – nad Gerallt ydw i.

Ceri Wyn Jones

TRYDARGERDDI

*Trydargerdd: pennill sydd, fel
un o negeseuon Twitter, heb fod
dros 140 o nodau cyfrifiadurol*

ATEB CYHUDDIAD

Bardd? Go brin.
Yw beirdd wrth ddesg 9–5?
Mae bardd wrthi'n galw am win a chig,
yn ymgiprys â'r gorwel am y lôn:
mae mwy i'r gwaith na geiriau.

Guto Dafydd (Tywysogion)

CYWIRIAD

Mae gen i gwrci melyn,
Fe'i henwais yn Llewelyn,
Ond daeth i'r tŷ â golwg iach
A thair cath fach i'w chanlyn.

Emyr Davies (Ffostrasol)

YMWADIAD

Ni all Brenhines Arfon
Ddod 'nôl i wadu'r straeon
Am gusan fach, am gyffro'r gwaed,
Gan fod ei thraed mewn cyffion.

Idris Reynolds (Crannog)

ADOLYGIAD

(darn o gelf)

Caead arch, nyth jac-y-do – yn ddelwedd
O eiddilwch y co',
Medda fo,
A ffedog a phennog, a phiano – a phwt
O graffiti arno.
Wel, dw'mbo.

Myrddin ap Dafydd (Tir Mawr)

JÔC ADDAS I GRACYR NADOLIG

Beth yw'r gwahaniaeth rhwng menyn
a meuryn? A wyddoch chi hyn?
Yr ateb – mae menyn yn Geri Gold
ac mae'r meuryn yn Geri Wyn.

Arwel Roberts (Criw'r Ship)

JÔC ADDAS I GRACYR NADOLIG

Mi wn am ddynes fechan
Sy'n dod o'r Côte d'Azur.
A'i henw, yn reit amlwg,
Yw Ffrances Boced, siŵr!

Endaf ap Ieuan (Glannau Menai)

HYSBYSEB I'R SIOE FRENHINOL

Cei nefoedd yn y cneifio, cei rwydwaith
    caredig, cei ffermio,
  cei hanes a sawl cinio,
  haul neu law – tyrd draw am dro!

Owain Rhys (Aberhafren)

SLOGAN

Y gŵr sy'n cuddio'r gorwel – a mynwes
Fel tomenni chwarel
A than ei wasg mae tarth yn hel – ond hyn
Ar grys-T XXL:
'Mae bach yn ddel'.

Myrddin ap Dafydd (Tir Mawr)

RHESTR SIOPA

Cyrri twym o Gastell Newy',
Dau bwys o briwns a ffigs 'di rhewi,
Deg tun o fîns i'm cadw'n iach
A phum rôl ar hugain o bapur tŷ bach.

Dewi Pws Morris (Crannog)

CYFARWYDDIADAU

Eu hangen: acen; heniaith; odlau; bag sillafau (7).
1. Tro'r ddalen.
2. Cytsh mewn pen.
3. Paid â swnian.
4. Cym' gytseiniaid a'u gosod.
5. Diweddglo da.
(cywydd: ⓗ Ikea)

Eurig Salisbury (Y Glêr)

CYFARWYDDIADAU

Yn garcus, gosodwch yr hwrdd
Ar wastad ei gefn ar y bwrdd
Cyn stwffio'r torpido
O'r golwg i'w din o
A rhedeg yn bell bell i ffwrdd.

Gareth Jones (Tir Mawr)

JÔC ADDAS AR GYFER CRACYR NADOLIG

Am ddwyn un calendr adfent yn Llunden
Fe gas y troseddwr bum niwrnod ar hugen.

Eifion Daniels (Beca)

JÔC ADDAS AR GYFER CRACYR NADOLIG

C. Beth wedodd y twrci yr hoffai fel presant?
A. Nadolig bach arall. Cwciwch y ffesant.

Dewi Pws Morris (Crannog)

CYFARCHIAD SANTES DWYNWEN

Er rhoi geiriau o gariad
ar y we (a cherdyn rhad),
i be yndê'r rwtsh rhwng dau
os oes iaith sy'n haws weithiau?

Rhys Iorwerth (Aberhafren)

DIFFINIAD NEWYDD O UNRHYW AIR CYMRAEG

Chwi ferched o gryn sylwedd
Boed wreng neu hyd 'n oed fonedd,
Na wisgwch fyth ficini tyn,
Fe ddengys hyn Orfoledd.

Rhiain Bebb (Llew Coch)

NEGES YN DWEUD Y DREFN

#gwellcymraegslacna …
Stwffia dy agweddau *stuffy*, *so what* os yw'r
geiriau teidi a'r treiglade'n eisiau gen-i? Wa'th
ma' hon yn iaith i mi.

Llion Jones (Caernarfon)

CRYNODEB BACHOG O'R BEIBL

Mi aeth un gair yn dipyn mwy
Yng Ngenesis y cyffro,
Cans yma'n hunangofiant Duw
Caiff popeth ei Ddatguddio.

Idris Reynolds (Crannog)

MOLAWD I'R CARDIS

Ni ddylent dderbyn anfri,
Eu breichiau byr sy'n peri
Nad yw eu dwylo'n medru dod
Hyd waelod eu pocedi.

Dai Rees Davies (Ffostrasol)

CYNGOR WRTH BRYNU ANRHEG

I arbed y pres yn eich poced
A thwyllo y plant bach diniwed
Rhowch fatri mewn blwch
A'i lanw â llwch
A nodyn bach 'Toys not included'.

Dai Jones (Crannog)

TROI'R AWR

Ben bore Sul bydd raid troi'r cloc
Un awr ymlaen, tic-toc, tic-toc,
Fe rown y byd am ddysgu'r tric
O'i droi yn ôl, toc-tic, toc-tic.

John Wyn Jones (Bro Alaw)

ÔL-NODYN I UNRHYW DDIGWYDDIAD HANESYDDOL

Yng nghefn y dorf ar Primrose Hill
Sibrydodd Dic yn daer wrth Wil:
'Dwi'm isio swnio'n rhy annheyrngar
Ond wyt ti'n saff nad ydi o'n nytar?'

Arwel Roberts (Criw'r Ship)

CYNGOR I ATHRO CYFLENWI

Mae'r tŷ bach ar waelod y cyntedd,
Cofiwch droi'r golau bant;
Peidiwch eistedd yn sedd y dirprwy,
Na byth droi eich cefn ar y plant!

Terwyn Tomos (Glannau Teifi)

PARODI AR UNRHYW BENNILL
ENWOG

Gŵr doeth o Aberteifi
Yn gweithio i'r BBC,
Deg i bawb am drydar
Ond un ar ddeg i mi.

Gwenan Prysor (Hiraethog)

NEGES YN CEISIO DAD-WNEUD
CAMGYMERIAD

Duw ddihunodd y dydd hwnnw a dweud: 'os
dyn ar fy nelw sy'n troi fy myd yn lludw, myn
diawl, gwnaf fotwm *undo*'.

Llion Jones (Caernarfon)

CAIS YSWIRIANT

#arrivaaviva
Mor enbyd oedd ffawd fy Audi o'i droi i'r dreif
nesaf inni un hwyr, yna'i angori mewn wal nad
oes gennym ni.

Llion Jones (Caernarfon)

ADOLYGIAD O WESTY

Fe erys am byth yn y co';
Hen blasty saith seren oedd o.
Nid ymffrost oedd hynny –
Wrth edrych i fyny
Fe'u gwelwn o'm gwely drwy'r to.

Gareth Jones (Tir Mawr)

ADOLYGIAD O WESTY
('Hotel de la Stabal' gan Mair I)

Am fedlam! Gwair yn fwydlen, bugeiliaid
bwygilydd – a'r ychen!
Er cael help gan borthor clên,
sori – dim ond un seren.

Llŷr Gwyn Lewis (Ffoaduriaid)

NEWYDDION DA

Yn y sêr uwchben Syria, anrhegion
i rwygo cymala'
a rown ar awyrenna'
ein duw, nid newyddion da.

Eifion Lloyd Jones (Hiraethog)

NEWYDDION DRWG

Ers tro mae'r wraig a'i chalon wan
Mewn 'sbyty 'mhen draw'r sir.
Ond clywais neithiwr yn y Swan
Y bydd hi'n ôl cyn hir.

John Gruffydd Jones (Tegeingl)

ESBONIO CYSYNIAD CYMHLETH
I BLENTYN

#einhunaniaeth
Cicio pêl rhwng capeli a chanu trychineb a
chyni a rhoi'n holl fryd ar weini yn nhai ein
cymdogion ni.

Llion Jones (Caernarfon)

BLWYDDYN NAID

Ar ôl tair blynedd hir
o Jill yn dwedyd 'Paid',
roedd Jac yn falch o glywed
ei bod hi'n flwyddyn naid.

Erin Prysor (Ysgol y Berwyn)

EBYCHIAD ER MWYN BACHU
('Chat-up line')

Rwy'n afradlon a llawn bloneg, – dim dant,
Dim dawn, methu rhedeg;
Mwynhau rym, emyn a rheg.
Arthur. (Dwy fil o wartheg!)

Dewi Rhisiart (Y Diwc)

CRYNODEB BACHOG O
REOLAU CRICED

Mae gen ti hawl i dwyllo'n deg,
Doctora'r bêl a'r wiced,
Cei regi hefyd lond dy geg,
Ond paid â'i alw'n griced.

Idris Reynolds (Crannog)

MANIFFESTO DARPAR ARLYWYDD

Galwaf am ail-greu'n golud, – codaf wal,
    Codaf arf ein delfryd;
    Deddfaf i greu'n dedwyddfyd,
    A bydd, bydd hi'n wyn ein byd.

Iwan Bryn James (Y Cŵps)

YSTADEGYN

    Os ein gadael wnaiff yr Alban
    Bydd llawenydd di-ben-draw
    Wrth i weddill Prydain gyfan
    Gael wyth modfedd llai o law.

Gareth Jones (Tir Mawr)

ADOLYGIAD O UNRHYW RAGLEN DELEDU

'Fflip!' medd Duw, wrth i *Pawb a'i Farn*
Lithro drwy'i ddwyfol rwyd.
Ond diolch iddo am drugarhau
Drwy wneuthur Dewi Llwyd.

Osian Rhys Jones (Y Glêr)

CYNGOR I DDYFARNWR NEU DDYFARNWRAIG

Cloff a thwp a hanner call!
Byddar, dwl a chwbwl ddall!
Tasa ti'm yn reffarî,
'Sa'i 'di canu arnan ni!

Arwel Jones (Y Cŵps)

MANIFFESTO BARDD CENEDLAETHOL
(Gwyn Thomas)

Cannwyll i'n canu cynnar – a'i eiriau'n
llawn miri diweddar;
trodd ddail crin ei werin wâr
yn afiaith â'i iaith lafar.

Eifion Lloyd Jones (Hiraethog)

MANIFFESTO BARDD CENEDLAETHOL

Bardd Cenedlaethol?
Dwi hefo Warhol –
credaf y dylai pawb gael bod,
a hawlio'i chwarter awr o glod!

Ifor ap Glyn (Caernarfon)

CYWIRO CAMGYMERIAD

(Ewros 2016)

'Wales sneak above Three Lions'
yn ôl y *Daily Mail*.
Ni sleifiom, ac am unwaith,
y ni sydd biau'r bêl.

Gwennan Evans (Ffoaduriaid)

CYFARCHIAD SUL Y TADAU

Am beidio'n hel ni i'r gwely; o drio
        rhoid row, ond yn methu;
am weld aur mewn cwmwl du –
f'arwr, heddiw a fory.

Ffion Gwen (Hiraethog)

CYFARCHIAD SUL Y TADAU

Heddiw, geiriau heb eu gorffen
sydd yn oedi uwch yr amlen.
Anodd 'leni sgwennu cerdyn
nad oes yno neb i'w dderbyn.

Anwen Pierce (Tal-y-bont)

CYHOEDDI CANLYNIAD

Sawl Brexitiwr fysa eisiau
I newid bylb er mwyn cael golau?
Pe doent i gyd 'sa'n dal yn nos,
Achos doedd dim bylb i ddechrau.

Huw Erith (Tir Mawr)

CYHOEDDI CANLYNIAD

(i diwn y gân o'r *Sound of Music*)

Hwyl fawr, ffarwél, *auf Wiedersehen*, gw-bei!
R'ym hoff o'r lle, y gwin, y bwyd, ond hei,
rhaid mynd â'n pres, ddaw dim mewnfudwyr draw;
au revoir, adiós, arrivederci, ciao.

Owain Rhys (Aberhafren)

NEGES FFARWÉL

#SionedJames
Ystum bys a bawd
fel cau pig, cylch diweddeb
yn tewi'r eos.

Llion Pryderi Roberts (Aberhafren)

CWPLEDI

Ydw i, o feuryn, dwed,
yn hôples am wneud cwpled?

Fe ddaw mwynhad bob adeg
I dîm a all chwarae'n deg.

Robin Huws (Hogia'r Ynys)

Un hwyr, aeth Dewi drwy'r drain;
Bachwyd ei bethau bychain!

Gwenallt Llwyd Ifan (Tal-y-bont)

Ger tomen o hufen iâ
Boring yw pwdin bara.

Iwan Bryn James (Y Cŵps)

Y gŵr a gâr seguryd
A ganfu *app*, gwyn ei fyd.

Eurig Salisbury (Y Glêr)

Pwy a roes einioes i'n hiaith?
Onid y meistri uniaith?

John Emyr (Y Cnape)

Gŵyr y doeth, er drwg, er da,
Mai'r henoed sy'n meurynna.

Moi Parri (Tegeingl)

Fy mai gydol fy mywyd?
Rhoi pwysau ar bethau'r byd.

Gari Wyn (Criw'r Ship)

Iesu Grist, mae eisiau grant
Arnaf i ffermio'r Oernant.

Emyr Jones (Tanygroes)

Ei hoesol, iasol gusan
yw tyner lif ton ar lan.

Dafydd Emyr (Tir Iarll)

Y tric i'r heniaith bob tro
Yw cael ifanc i'w lyfio.

Eurig Salisbury (Y Glêr)

Gin Nel ben-ôl 'tha jeli –
Nel fach dew, dw i'n lyfio chdi!

Gruffudd Owen (Ffoaduriaid)

Ni all llanw pell henoed
Lyfnhau â'i rym ôl fy nhroed.

Eurig Salisbury (Y Glêr)

Wedi diwyd ddweud 'Ia'
Nid yw'n hawdd i ddyn ddweud 'Na'.

Gari Wyn (Criw'r Ship)

Yn y nos, er dwedyd 'Na'
Hen awydd fyn droi'n 'Ia'.

Tudur Puw (Manion o'r Mynydd)

Croes San Siôr ar bob gorwel –
Dynion bach â'u byd yn bêl.

Ffion Gwen (Hiraethog)

Do, rhoes glod i'r Iesu glân
ar awr gyfyng. Rhag ofan.

Gruffudd Owen (Ffoaduriaid)

Ni waeth ydyw beth ddwedaf,
Yr un wy' â'r hyn a wnaf.

Dai Jones (Crannog)

Heb ei wae, heb ddod i'r byd,
Heb ei fai, heb ei fywyd.

Iwan Bryn James (Y Cŵps)

A oes ots pwy wnaeth y sêr
a dau'n cusanu'n dyner?

Rhys Iorwerth (Aberhafren)

Mae i ddyn ag ots am Dduw
Ei ddeilen pan ddaw'n ddilyw.

Gareth Williams (Tir Mawr)

I hogyn mawr ei lygaid
Agor pyrth y mae'r gair 'Paid'.

Huw Meirion Edwards (Y Cŵps)

Un diwrnod, dod. Mynd wedyn
un min nos. Oes mwy na hyn?

Rhys Iorwerth (Aberhafren)

Liw nos fe ddychwelwn ni
'Nôl i wâl Si-hei-lwli.

Idris Reynolds (Crannog)

Yn y bôn, waeth lle'n y byd
Rwy'n byw, yr un yw bywyd.

Gwyn Lloyd (Glannau Menai)

Haedda y lleia 'mhob lle
Yr hawl i'w lais yn rhywle.

Gari Wyn (Criw'r Ship)

Ai'r un fath fyddai cathod
pe na bai pawennau'n bod?

Rhys Iorwerth (Aberhafren)

Tra bo aur, bydd twrio byd
A'i ddifa a fydd hefyd.

Aled Evans (Beirdd Myrddin)

O dro i dro, aiff y drefn
yn andros o Gyfundrefn.

Mari Lisa (Fforddolion)

Nid yw barn yn newid byd;
Ofer heb weithred hefyd.

Gruffudd Owen (Ffoaduriaid)

Gwell y boi a gyll ei ben
Nag un a geidw gynnen.

Dai Jones (Crannog)

Yn fy mhen rwy'n un tenau,
Yn y cof mae'r sip yn cau.

Bryan Stephens (Beirdd Myrddin)

Mae'r twll sydd ym muriau'r tŷ
am chwalu'r holl fur 'fory.

Gruffudd Antur (Penllyn)

Yn hyn o fyd mae hi'n fain:
i filoedd mae hi'n filain.

Karen Owen (Fforddolion)

Digalon gweld estroniaid
yn y tŷ lle ganwyd Taid.

Gruffudd Owen (Ffoaduriaid)

Anodd yw sgio i Joni
a'i draed yn chwarter i dri.

Mei Mac (Tywysogion)

Fin hwyr, ein dihangfa ni
Yw dawn y Brawd Houdini.

Llion Jones (Caernarfon)

Mae gan Frawd Mawr distaw'r dydd
lygaid fel arolygydd.

Arwel Emlyn Jones (Ysgol y Berwyn)

Y bont sy'n cyflymu'r byd
A arafa'r rhuthro hefyd.

Idris Reynolds (Crannog)

O! Lywelyn, ail-wylit
O weled siâp ein gwlad shit.

Iwan Rhys (Y Glêr)

Nid clod yw nod caledwaith:
Côr y Cwm sy'n carco iaith.

Emyr Davies (Tir Iarll)

Yr awr pan syrth Eryri
yw'r awr yr achubir hi.

Gruffudd Antur (Penllyn)

Bob yn dipyn, brethyn brau
y Gaeltacht a dry'n gwiltiau.

Anwen Pierce (Tal-y-bont)

Mae brenin llawer llinach
yn anian pob baban bach.

Mari Lisa (Fforddolion)

Ceisio Eldorado rwyf
O hyd – siomedig ydwyf!

Iorwerth Mort (Tanau Tawe)

Mewn tyrau, mewn blociau blin,
cawn hefyd fod cynefin.

Aron Pritchard (Aberhafren)

Ydw i, o feuryn, dwed,
yn hôples am wneud cwpled?

Llŷr Gwyn Lewis (Ffoaduriaid)

Yn ei lun, un annwyl yw;
yn y cnawd, cenna' ydyw.

Rhys Dafis (Hiraethog)

A wellaf o hyn allan?
Dyn a ŵyr. Mae'r cnawd yn wan.

Gwyn Lloyd (Glannau Menai)

Gwnaf gyfamod gwrth-dlodi:
rhyw ddydd a fydd rhoddaf i.

Arwel Emlyn Jones (Ysgol y Berwyn)

Ni all llwch giwana'n llwyth
ddeffro y goeden ddiffrwyth.

Dafydd William (Llanrug)

Pwy gawn ni, â'u talp o gnawd
a'u poen, i werthu pennawd?

Llŷr Gwyn Lewis (Ffoaduriaid)

O resynau'r presennol
Liciwn i droi'r cloc yn ôl.

Huw Meirion Edwards (Y Cŵps)

Y dant yng ngwlâu y plantos
a dry'n wyrth yn nhrymder nos.

Anwen Pierce (Tal-y-bont)

O geiniog i geiniog waeth:
ai dyma yw byd amaeth?

Llion Pryderi Roberts (Aberhafren)

I gynnal gwlad fy nhadau
Rhaid wrth ddur y bur hoff bau.

Llion Jones (Caernarfon)

Er mai arwr yw'r meuryn,
Maen nhw'n deud na 'di o 'mond dyn.

Huw Meirion Edwards (Y Cŵps)

O rannu'r ŵyn ar eu hynt,
Daw'r blaidd â'i drwbwl iddynt.

Iwan Rhys (Y Glêr)

Lle bo yn niadell byd
ddefaid, y mae blaidd hefyd.

Mari Lisa (Fforddolion)

Mae'r iaith sy'n marw weithiau
yn nhop yr Aes yn parhau.

Llion Pryderi Roberts (Aberhafren)

Rhiwbob bras a dyfasom
cans ar raw y daw y dom.

Phil Thomas (Tal-y-bont)

Cwpledi er cof am anifail anwes

Hedd, Hyfryd Hedd, hebot ti,
Julius fy mharot joli.

Colli chdi'r hen gwtsh bach da,
Wendy fy Anaconda.

Ow'r golled! Caled yw'r co'
am Delyth f'armadilo.

Myrddin ap Dafydd (Tir Mawr)

Er rhoi Pws dan R.I.P.
Wyth gwaith, achubiaeth geith-hi.

Wylaf ffrwd cans oer fel ffrij
Yw Cecil fy nghi sosij.

Huw Meirion Edwards (Y Cŵps)

Er bod gwacter heb Pero,
Llawn yw rhaca caca'r* co'.

*Rhaca caca (*pooper scooper*) ar lafar yn Rhyd-y-main

Iwan Bryn James (Y Cŵps)

LIMRIGAU

Nid oes gennyf eiddo nac erwau
Na'r ddawn i sgrifennu limrigau,
Dim cymar, dim rhyw,
Na ffydd yn fy Nuw –
Mae gennyf rai miloedd o lyfrau.

'Mae'r hen bethe ifanc 'ma'n anwar
Yn chwarae hen fiwsig aflafar.
Gwell gwrando ar lais
Dai Jones *Ar eich Cais,*
Teipiodd Nain, yn ei phais, ar ei thrydar.

Gwennan Evans (Ffoaduriaid)

Hen golffar go siabi oedd Reg,
A gwyllt ar y naw efo'i wej:
Fe lwyddodd heb gymorth
I droi Clwb Golff Treborth
Yn enwog fel cae tyfu fej.

Mei Mac (Tywysogion)

Roedd ffarmwr yn byw ar ben mynydd
A fe'n ôl y sôn ydoedd Llywydd
Y Gymdeithas Meurynnod
A Chymdeithas yr Hyrddod –
Yr un peth yw'r ddwy fel mae'n digwydd.

Dai Jones (Ffair Rhos)

Wrth gerdded yn ôl o'r siop sglodion
Aeth fy meddwl i geisio atebion
I gwestiwn go od:
Be 'di mwy nag un cod?
Ai codau, codeuon 'ta codion?

Arwel Roberts (Criw'r Ship)

Mae sgwrsio â'r cariad bob noson
Fel siarad â'r wal 'ma yn union;
Dwi'n sicr y cawn
Ei sylw o'n llawn
Pe bawn i'n sylwebydd chwaraeon.

Gwenno Davies (Hiraethog)

Wrth farnu'r da tew yn Llanelwedd
Disgynnodd set isaf fy nannedd
I'r tail ar y ddôl;
Mi'u rhois i nhw'n ôl
'Chos dyna'r hen drefn yn y gogledd.

Myrddin ap Dafydd (Tir Mawr)

Nid ydwyf, wrth reddf, yn frwdfrydig
I fynd i ymrafael â Buddug:
Mi fyddwn i'n closio
At Buddug, a'i mwytho
'Sa hi ond yn shefio rhyw 'chydig.

Gareth Jones (Tir Mawr)

Mae Merched y Wawr yn difaru
y bu iddynt lanio yng Nghymru
ac aros am baned
pan ddaethant mewn roced
o'r blaned lle'r oeddent cyn hynny.

Ifan Pleming (Aberhafren)

Mae Merched y Wawr yn difaru
Na nadon nhw Nel gael ei dyrnu
Gan Madge Dybliw Ei
Efo cadw-mi-gei
Ond doeddan nhw'm isio bysnesu.

Gareth Jones (Tir Mawr)

Mae Merched y Wawr yn difaru
Cael noson atgofion am garu:
Bu Efa Ty'n Pant
Yn rhestru'i holl blant
A dechrau esbonio pwy ddaru.

Gareth Jones (Tir Mawr)

Petaswn i'n dalach ryw fymryn
A'm gwallt dwtsh yn hirach, a melyn;
Pe na bawn mor wanllyd
Na, falle, mor seimllyd,
Fe'm cyfrid, mae'n debyg, yn bishyn.

Geraint Williams (Y Cŵps)

Un distadl ydwyf: corjetsyn.
Petaswn i'n dalach ryw fymryn –
dim ond modfedd yn hirach,
y twtsh lleia'n dewach –
a fyddwn i'n giwcymbar wedyn?

Guto Dafydd (Tywysogion)

Nid oes gennyf eiddo nac erwau
Na'r ddawn i sgrifennu limrigau,
Dim cymar, dim rhyw,
Na ffydd yn fy Nuw –
Mae gennyf rai miloedd o lyfrau.

Dafydd Morgan Lewis (Y Cŵps)

Am ein bod yn nesáu at y dibyn,
Adroddaf y stori yn sydyn,
Mi wnaethpwyd mistêc
Rhwng y sbardun a'r brêc ...
Lawr allt oedd hi arna' i wedyn.

Hywel Griffiths (Y Glêr)

Adroddaf y stori yn sydyn
A'i dweud hi yn andros o gyflym
A neith 'na neb sylwi
Nad ydi hi'n odli –
'Mond gwenu a chlapio rhyw fymryn.

Mair Tomos Ifans (Llew Coch)

Nid pawb sydd yn wresog ei groeso
i ddryg dîlyr newydd Llandeilo;
ond y'f fi'n gweld e'n deidi,
y boi ffeina gei di,
a rhaid ei gefnogi: mae'n Gymro.

Gwennan Evans (Ffoaduriaid)

Ni wyddwn i'n iawn pam yn union
Yr o'n i ymysg yr holl ddynion,
Rhai byr a rhai tal,
Pob wyneb i'r wal –
Rwy weithiau'n camddeall arwyddion.

Erin Prysor (Ysgol y Berwyn)

Tywysydd i'r jyngl oedd Valmai
Â nerth ugain stôn yn ei choesau:
Arhosodd i ddangos
Golygfa gyfagos;
Fe fûm i ar goll am rai oriau.

Dai Jones (Crannog)

'Os ti'n gofyn i fi, Nel, mae sied
Yn yr ardd yn lle handi,' medd Ned.
Ildiodd Nel yn gytûn.
Pan oedd Ned yno'i hun,
Byddai hi yn y tŷ'n swsio Cled.

Arwel Roberts (Criw'r Ship)

Pan ofalwn am gae Nantlle Vale
Tyfwn ganabis fesul big bêl,
Ond och ac ochôn!
Digwyddais i sôn
Wrth yr heddlu, a rŵan dwi'n jêl.

Geraint Løvgreen (Caernarfon)

Os caf i fy nal heb fy nhrywsus
gyda meuryn nid anadnabyddus
yn snortio cocên
rownd cefn Babell Lên ...
mae'n bwysig fod gennym ryw esgus.

Gruffudd Owen (Ffoaduriaid)

Un bore wrth ganu calennig
Es heibio i Dyddyn Llwyncerrig
Lle ces i chwip din
Gan Saesnes fawr flin,
'It's not Halloween,' meddai'n sarrug.

Geraint Williams (Y Cŵps)

Dwi newydd gael falf yn fy nghalon
A newydd briodi â Sharon.
Mae hi'n hogan reit ffein
Ond dwi'n 79 –
Mae unwaith yr wythnos yn ddigon.

John Gruffydd Jones (Tegeingl)

Yng ngeiriau anfarwol John Wesley,
Mae'n anodd perfformio mewn festri,
Mae'r meinciau'n fwy cul
Na chriw'r Ysgol Sul,
A 'di'r *sandwiches* ddim at fy nhast i'.

Alun Cefne (Llew Coch)

Fe yrrais o amgylch mewn cylchoedd.
Rhof y bai ar y *sat-nav*. Yr ydoedd
'Di sticio yn sownd
Wrth ddweud, '*Turn around*',
'*Around*' ac '*around*' yn oes oesoedd.

Gwyn Lloyd (Glannau Menai)

Fe yrrais o amgylch mewn cylchoedd
A gwau hyd y palmant trwy'r cyhoedd,
Gwasgais fforti-êt ffwtar
O Tesco i'r gwtar –
Mobiliti sgŵtar sy'n nefoedd!

Ioan Roberts (Bro Alaw)

Mae gen i datŵ mewn man dirgel
Sy'n datgan 'Dwi'n ♥ Bryn Terfel'.
I'ch synnu yn syn,
Mae un hefyd gan Bryn,
Yn fan hyn, sy'n dweud 'Dwi'n ♥ Arwel'.

Arwel Roberts (Criw's Ship)

Mae gen i datŵ mewn man dirgel,
'dio ddim dan groen botwm fy mogel,
'dio'm yn llechu'n rhych tin
na thu ôl i'm pen-glin
ond mae'n gudd mewn lle cyfrin, diogel.

Dafydd Whiteside Thomas (Llanrug)

Mi es i ar lein i archebu
A phrynais rhyw *handcuffs* a ballu
Fe weithion nhw'n iawn,
Diwallwyd fi'n llawn,
Fe awn i nôl mwy 'tawn i'n gallu.

Huw Erith (Tir Mawr)

Fe blygais fy nillad yn daclus
Cyn mynd mas i'r môr yn reit hapus,
Ond wedyn uwchben
Daeth gwylan fawr wen
A dympio ei llwyth ar fy nhrowsus!

Iolo Jones (Ffostrasol)

Mae lympiau fel bryniau Eryri
Yn tyfu fel madarch o 'mhen i;
Mae fy ngwyneb fel toes,
Gen i dair llygad groes –
Go brin fod 'na neb wedi sylwi.

Gareth Jones (Tir Mawr)

Dadgeilliais yr hen gwrci bodlon,
Ni wn i a yw e'n beth creulon,
Ond pwsis y fro
Oedd bron mynd o'u co'
O gael cathod bach anghyfreithlon.

Emyr Davies (Ffostrasol)

Bu farw Wil Wirion y llynedd:
Nid pawb sydd yn cael yr anrhydedd,
Ond wedi'r gyflafan
Fu efo'r maharan
Mae cerflun ohono'n Llanelwedd.

Gareth Jones (Tir Mawr)

Rwy'n cerdded rhyw bellter rhyfeddol
Yn chwilio'r ffordd adre o'r Bedol,
Ac rwy'n methu yn lân
Gweld yn ôl na gweld mlân –
Mae'n bryd i mi wisgo fy sbectol.

Dai Rees Davies (Ffostrasol)

Mi glywais fod lle yn Llandderfel,
Be mae'r Sais yn ei alw yn frothel.
Deuthum yma i fyw,
Ac, er syrffed o ryw,
Myn Duw, mae hi'n anodd ymadel.

Arwel Roberts (Criw'r Ship)

Apeliais yn hir ac yn llafar
Ac felly nid euthum i'r carchar;
Gan mai Jeremy Hunt
Aeth dan fy whîl ffrynt,
Ces iawndal am faw ar y teiar!

Emyr Davies (Tir Iarll)

'Wir, genod, nid fi ydi'r stripar!'
apeliais yn hir ac yn llafar,
ond ymhen hanner awr
roedd Merched y Wawr
wedi gweld pethau mawr am eu ffeifar.

Gruffudd Owen (Ffoaduriaid)

Ar ddiwedd y flwyddyn ariannol
Digwyddodd rhyw ffwdan annuwiol
Pan mewn daeth bwmbeili
A chipio'r teledu
Yng nghanol y canu a'r canmol.

Arwel Jones (Tanygroes)

Nid ydwyf yn hoff o wamalu
Am betha' sy'n codi'n y gwely,
Ond dwi'n llyncu cyffuria'
Sy'n cynhyrfu ceffyla'
A minna'n gwneud dim ond gweryru.

Ioan Roberts (Bro Alaw)

Rwy'n siarad bob tro mewn damhegion
i geisio diwyllio 'nghyfoedion.
Mae'r ddafad gyntefig
yn plesio'n enwedig
a dameg Samariad Tregaron.

Gwennan Evans (Ffoaduriaid)

Pan fyddaf yn trafod fy ngharthion
rwy'n siarad bob tro mewn damhegion.
Mae'r doctor 'di dod
i ddeall y cod
pan gwynaf fod oedi'n y stesion.

Gwennan Evans (Ffoaduriaid)

Un bore yn Ysgol Glan Morfa
ymfyddinodd y plant yn un dorf a
throi ar Mr Smith.
Ddaeth o ddim yn ôl byth,
mae o bellach yng nghartref Angorfa.

Geraint Løvgreen (Caernarfon)

Mae dynion yn od ar y gora'.
Mae rhai sydd yn hoff o bwyllgora.
Ond clywais am un,
peciwliar o ddyn,
sy'n ffendio'i ddiléit mewn meurynna.

Casia Wiliam (Ffoaduriaid)

Mae rhai sydd yn hoff o bwyllgora,
Gan fynnu troi popeth yn ddrama;
Mae'n syndod, myn Duw,
Eu bod nhw'n cael rhyw
Heb gynnig ac eilio yn gynta'.

Iwan Rhys (Y Glêr)

Es ati bnawn Sadwrn i arddio
'Rôl gwrando ar Boris yn sbowto:
'Heb Frwsel i'n dala
Ein sbrowts fydd yn gwella
A'r moron yn elwa, rwy'n addo!'

Emyr Davies (Tir Iarll)

CERDDI CAETH

'... Mae'r clywed yn weithredu,
Codi tiwn yw cadw tŷ,
Adeiladu aelwydydd
Alawon y galon gudd ...'

TROI DALEN

(wrth droi tudalennau *Yr Un Hwyl a'r Un Wylo*, Dic Jones)

Fesul dalen dadlennwyd
Y filltir sgwâr lachar, lwyd
Lle ceir Arberth a chwerthin,
Ydlan gras a deilen grin,
Aroglau mwg a'r glaw mân,
Hytir trist a'r tro trwstan.

Un yw'r gilwen a'r galar,
Cynghanedd y bedd a'r bar,
Y dod a'r myned wedyn –
Coedwigaeth deuoliaeth dyn
Yn iro'n brint, a'r hen bren
Yn deilio fesul dalen.

Idris Reynolds (Crannog)

GAFAEL

A dyn, o raid, ar ei daith
un oes, fe dyr, ryw noswaith,
ei grib ar ochor dibyn
a chyrraedd ei waedd ei hun.

Morol am wyrth ymwared
ar graig ysgrythur ei gred,
a chael, ar ôl y chwilio,
bader i'w betruster o.

Fe fydd, i'w arbed wedyn,
yn dal wrth y gleiniau'n dynn
o'i fodd, er nas gŵyr ei fyw
ai edau ai rhaff ydyw.

Mari Lisa (Y Rhelyw)

GWEITHREDU

Aethost i orymdeithio'n
broffwyd o freuddwyd y Fro

Gymraeg. Yn dy gamre roedd
cân ryfel y canrifoedd;

ymgyrchaist, sôn am garchar
dros gaer dy hen filltir sgwâr;

cwffiaist dros iaith y cyffyrdd,
adyn oet, a'th fyd yn wyrdd.

Gwyrthiol fu datganoli!
Prifddinas fras, swydd o fri;
ond clyw lef dy gynefin
wrth fyw'n haws ar gaws a gwin.

Angharad Davies (Tanau Tawe)

TROSEDD

Hyd y wlad dan leuad wlith
daw lladron hud-a-lledrith
yn ofalus o filain,
sydd am hel, â'u bysedd main
barrug-gwyn, holl asbri'r cof
a dwyn fy myd ohonof

'a fi mewn stad' ofnadwy,
digalon fel plismon plwy'
heb weld 'rôl trwmgwsg boldew
ond ôl rhaib y dwylo rhew,
gwirionedd hallt y gwallt gwyn
a'r breuder bore-wedyn.

Emyr Lewis (Y Cnape)

HANNER AMSER

A oes rif all fesur hyd
Yr aeonau a'r ennyd?
A oes lathen all bennu
Ehangder y dyfnder du?
A oes gof, rhyw broffes gau,
Ry i funud derfynau?
Yr oriau oll yw'r awr hon,
Eiliadau heb waelodion,
Y gwagle hwnt i ddeall
Clociau'n hamser cwarter call;
Y Nawr sydd o'i haneru
O'r un faint â'r hyn a fu.

Idris Reynolds (Crannog)

HEB SIW NA MIW ...

Heb siw na miw, y mae hi
o ben coeden yn codi
i lygoden lygadu
hyd y ddôl agored, ddu.

Nefoedd i fân anifail
ar ei dwf yw hela'r dail
am folied gwybed y gwyll –
hela dall heb weld ellyll.

Dirgel, diawel ei dod;
un wib, a heb 'ddo wybod
am gydio gwar diaros,
heb 'run wich â'n brae i'r nos.

Rhys Dafis (Hiraethog)

DIANC

Mae i'r meirw eu muriau,
hen wal i'w cynnal a'u cau,
ond i neb sy'n adnabod,
marw i fyw mae'r meirw i fod,
rhoi angerdd i'r ieuengoed,
hyn yw trefn natur erioed.

A rhew â'i glo ar lawr gwlad
o rywle fe ddaw'r alwad
i rwygo arch eira gwyn
a rhoi rhyddid i wreiddyn
sugno'r gwres a gwin o'r gro
i natur gynnau eto.

Tudur Puw (Manion o'r Mynydd)

FFOLINEB

'Mae chwerthin yn ffolineb
gwirion, hurt!' – cosb 'Gu i'r neb
a ddôi â chabledd o wên.

Geiriau rhad tad i'w groten
oeddent, mor hen â phenyd.
Deuent o fynwent hen fyd
i fyw yn iach ar fin iau
eilwaith.

Ond 'nawr daw pyliau
pan gaiff 'Gu 'i chwalu. Â'i cho'
yn degan, a'i diwygio
yn grechwen o groten grin
a'i phyliau'n wyrthiau chwerthin.

Philippa Gibson (Tanygroes)

FESUL UN ...

(Tabernacl, Llanfyllin)

Fesul un, i gymuno,
er y twll sy'n pydru'r to,
daw'r addolwyr drwy ddilyw,
dod o hyd i dŷ eu Duw'n
denau iawn, a dwyn yn ôl
oes o bethau Sabothol.
Rhoi gweddi, er y gwyddan
nhw'r gwir; dal i godi'r gân
am dyrfâu y dyddiau da,
am wynfyd eu cymanfa,
a'u hemynau nhw'n mynnu
nad yw Duw 'di mynd o'i dŷ.

Llŷr Gwyn Lewis (Ffoaduriaid)

FESUL UN ...

(fe dyngais lw i mi fy hun fy mod am siarad
Llydaweg â'm merch)

Fesul un fe sylwa hi
ar fy rhodd ddirfawr iddi:
rhodd enbyd ei bywyd bach
yw holl enwau ei llinach
a'i chur yw'r baich o eiriau
sydd arni hi yn trymhau.
Ond i'w thad bendith ydyw,
air wrth air, nid melltith yw
fod chwedl fy nghenedl o 'ngheg
yn *diwan** ei Llydaweg.
Am emynau, am heniaith,
ni ŵyr hon am farw'i hiaith.

* 'Egino': dyma hefyd yr enw ar y mudiad ysgolion Llydaweg.

Aneirin Karadog (Tir Iarll)

CLODDIO

(Castell Aberteifi)

Ewch at neuadd a gladdwyd
Dan dirwedd sawl llynedd llwyd,
Heibio'r heip, heibio o raid
I oes hirsyth y Siorsiaid,
Heibio i styllen fu'n nenfwd,
Heibio i rants Barbara Wood,
Yn ôl i ganol y gân.
A'r dygwyl yng Nghaerdwgan.

Wrth i'r cof fynnu gofyn
Yn lle'r oedd y lloriau hyn,
Ewch yn ôl a dygwch ni,
Faen wrth faen, i'r sylfeini.

Idris Reynolds (Crannog)

SIOE

('Had letter in post today with Mr Shane Williams MBE
on it! Looks strange!' @ShaneWilliams II)

Ydi, mae'n od, mi wn i,
LOL hyd nes wyli,
Nes chwerthin ar dy liniau,
Chwerthin nes prin cael parhau.
Mae'n od am i ni o hyd
Yn griw dof gredu hefyd,
Gwir gredu fel Cymry call
Yn daer na châi gwlad arall
Dy reoli mor drylwyr
Ac ennill, ennill mor llwyr.

Mae'n od, Shane, am nad Sioni
Llwfwr oedd ein harwr ni.

Eurig Salisbury (Y Glêr)

PWYLL

(Maelan, wrth draeth Steir ym Mhenmarc'h,
Llydaw, Mehefin 2012)

Dyma draeth i fynd am dro
Heb ryw ofal dal dwylo.
Es yn hirgam am y môr –
Yno'n fach wrth fy ochor
I gam o gam, carlamai'n
Agos i'w lle, goesau llai
Mor ddianel eu helynt;
'Mlaen â hi fel melin wynt
Ac er mai tad profiadol
Ar ei draed âi ar ei hôl,
Ni roddais gyngor iddi –
Cawn blaster i'w hyder hi.

Ifan Prys (Caernarfon)

AILGYDIO

(i deulu Ty'n y Ffridd, Cwm Cynfal)

Mae'n foel; mae'r cwm yn felyn
a di-gân yw du a gwyn
y piod; di-wên blodau
a hwn â'i lygaid ynghau.
Mae'r llew Mawrth mor llym ei wynt,
yn halen ar ein helynt.
Yn nhir y byw, llwydni'r bedd;
dynionach dan ewinedd
llaw angau; ni ollyngwn
ei hoerni hi am mai hwn
yw'r Mai. Ond drwom mi all
hau'r llawr gyda'r llaw arall.

Myrddin ap Dafydd (Tir Mawr)

MAN GWYN

'*As if*' ar wyneb FIFA,
'Gwlad y gân ei hunan ... ha!'
A pha iws, a honno'n ffaith
Ysgubol, gwrso gobaith,
Cael gwadd i rodfa ddrudfawr
Twrnament yr enwau mawr?

Ai oherwydd, ddydd a ddaw,
Cael rywdro hwylio alaw
Ar derasau drud Rwsia
Yn llawn awch i ennill? Na,
Am mai nawr y gwyddom ni
Y gallwn, gallwn golli.

Eurig Salisbury (Y Glêr)

CYNNIG

(Eos oedd enw'r corff hawliau darlledu Cymraeg a fu mewn
anghydfod â'r BBC dros daliadau i gerddorion. Yn sgil yr anghydfod
hwn y gohiriwyd cychwyn cyfres *Y Talwrn* yn 2013.)

Clyw'r eos rhwng nos a nant
Yn felys ei chyfeiliant.
Mor ddyfal yw ei halaw
Yno'n glws mewn gwynt a glaw.
Mor daer yw hi ym mro'r drain,
Sŵn hyder sy'n ei hadain.

Ond uwch hen fyd ei chân fach
Sy' heno'n hel briwsionach,
Mae ei haith yn haeddu mwy,
Hi o raid yw ein drudwy.
Cyfod, eos, dos yn deg
A chana am ychwaneg.

Aled Evans (Beirdd Myrddin)

CYNNIG

'Un fach arall, efallai,
Am lwc?' Petrusodd. Pam lai?
Ymlaciodd. Estynnodd stôl
Iddo'i hun yn hamddenol.
A'r car? Câi hwnnw aros;
Suddai'n ôl i sedd y nos.
A pham lai? Tra boddai'r bar
Y dafarn ddiedifar,
Roedd o'n un ohonyn nhw'n
Gwagio'i hiraeth i'w gwrw.
Yn ei ddu byseddai'n ddall
Ei oriad. 'Un fach arall?'

Huw Meirion Edwards (Y Cŵps)

DAL ATI

(i'r Dr Meredydd Evans)

Dwyn llofft stabal y galon
Wna Merêd i'r Gymru hon,
Ail-greu yr hwyl ac, o raid,
Y genedl o ddatgeiniaid.
Mae'r clywed yn weithredu,
Codi tiwn yw cadw tŷ,
Adeiladu aelwydydd
Alawon y galon gudd,
Iro'n hawch drwy rannu'n hael
O gof a fu'n ein gafael
A rhannu'i wên ddi-droi'n-ôl
Yn fwynaidd benderfynol.

Idris Reynolds (Crannog)

GOFYN CYMWYNAS

Dyma ni'n yr heli'n rhydd
a'r haul yn llond yr hewlydd.
Y traethau gwag yn agor
a dau'n mynd trwy dwyni môr
y pentir hir, bnawn o haf.

A hi'n oeri, synhwyraf
nad y gorwel a weli
o'r lan yw fy ngorwel i,
a hen niwl sy'n dychwelyd.

Dwed i mi'n ein chwithdod mud,
be dybi di, wedi'n dydd,
yw'r haul fu'n llond yr hewlydd?

Rhys Iorwerth (Aberhafren)

GOFYN CYMWYNAS

(cais ar ran CYD i Gymry Cymraeg siarad â dysgwyr)

Dere mewn i gadw'r mur.
Y dasg yw hybu'r dysgwyr
Ac estyn llaw groesawgar
Draw i sgwrs dy filltir sgwâr,
Siarad mân a wna'n huno
Ni i gyd yn deulu dan do.

Mae yno iaith i'w mwynhau
A phaned chwalu'r ffiniau,
Y baned sy'n ddywedyd,
Siarad sy'n gariad i gyd.
Dere i agor y stori
Gyda gwên. Mae d'angen di.

Idris Reynolds (Crannog)

YNYS

Robben, heb wawr o obaith,
a'i waliau moel a'i haul maith,
a'i thir hesb a'i thyrau hi:
onid dyna'r cadwyni
i dorri enaid arwr
ac i ddymchwel gorwel gŵr?

Yn dawel drwy'r chwareli,
yn y llwch, yn nhonnau'r lli,
roedd o raid pan dorrai dydd
dan awyr diwrnod newydd
yma rym, grym mwy ar waith:
Robben a'i gwawr o obaith.

Aron Pritchard (Aberhafren)

CYWIRO

(er cof am Jôs, Penmaen, un o hwylwyr
cychod rasio amlycaf Llŷn)

Nid yw pob un yn deall
Lle mae'r gamp, na lle mae'r gwall
Wrth lywio cwrs, ond sgwrsio
Yr un iaith â'r sêr wnâi o;
Môr i'w jib a chymrai 'i jans,
Rhoi i li raffau'r lowans.

Un â rhith y gorwel crwn
Oedd i'w gastiau'n ddigwestiwn,
A'i lyw fel poerad ei lw
Yn un â gwyriad llanw,
Cyn i wyrth ei amcan o,
Wynt neu gerrynt, ei gario.

Gareth Williams (Tir Mawr)

GEIRIAU OLAF OWAIN GLYNDŴR

(ar Fehefin 5ed, 1414, anfonwyd pardwn
swyddogol at Owain a'i ddilynwyr)

'Iolo! Lle mae Iolo? Mae
Wedi addo ers dyddiau
Dod draw i fydru ...'
 'Owain,
Mae'n haf oer, a'r gwynt 'ma'n fain,
Dewch, wir, i gadw eich hun
Yn gynnes ...'
 'Iawn, ac ennyn
Dithau'r tân, was da, nes daw
Iolo'n ôl â'i hen alaw ...

Hwde'r pardwn hwn heno
I gynnau ei olau o.'

Eurig Salisbury (Y Glêr)

FFILM

(wrth edrych ar negatifau o luniau a dynnwyd
gan fy nhad o gapel Brynrheidol, Nant-y-moch,
cyn ei foddi yn 1961)

Gwelaf, lan yn y golau,
resi'n cwrdd a drws yn cau;
Brynrheidol y gân ola',
welydd y ffydd a'r sol-ffa.

Y mae cam ym mhob fframyn
seliwloid o'r Suliau hyn,
ac yn y dŵr gwyn a du
eu horiau sy'n diferu.

Ond fy nhad yn siarad sydd
â'i law unig aflonydd
yn oedfa Kodak y cof,
a'r haenau yn hir ynof.

Geraint Roberts (Fforddolion)

DATHLIAD

(Nadolig 2013)

Yng nghanol yr holl ffoli
ar wrid mab a roed i mi,
am ennyd fer, ddiseren,
yng ngŵyl yr hwyl bûm yn hen.
Bu'r angel yn dawel, do,
tawelach na bedd Teilo
am eiliad. Cwmwl melyn
yn do dros Nadolig dyn.
Er i Siôn frysio inni
wydrau oer o win di-ri,
di-sôn ydoedd llond ei sach.
Hiraeth oedd arna' i hwyrach.

Mei Mac (Tywysogion)

DATHLU

Yn y ffosydd hen ffasiwn
nid oes gwaed fel gwaed y gwn,
nid oes bedd fel budreddi
yn nhir neb ein harwyr ni.

Mae enwau ym Mhorth Menin
yn bod i gofio pob un,
rhestri hir yw'r stori hon,
rhestri ar furiau estron.

Mae dathliad eich ymadael
yn ddi-gyrff, heb fedd i'w gael,
pob man yn gof amdanoch,
pob cae lle mae'r pabi coch.

Arwel Emlyn Jones (Ysgol y Berwyn)

RHAW

('Between my finger and my thumb/The squat pen
rests/I'll dig with it' – Seamus Heaney)

Â rhaw finiog sgrifennwyd
Am was bach, am eisiau bwyd.
O boen i Boyne hogwyd barn
Un a gydiai yn gadarn
Fel hen werin y llinach
Yn llafn dur yr awyr iach.

Yn ei law âi'r goes ddi-lol
Yn offeryn corfforol
I weithio cerddi'r tirwedd,
I greu byd ac agor bedd.
A'r rhaw'n arf, yn Nhir na n-Og
Sgrifennwyd saga'r fawnog.

Idris Reynolds (Crannog)

CYWYDD YN CYCHWYN A GORFFEN Â'R UN GAIR

Teg edrych a gweld ychain
Ar y maes 'rôl tymor main
Yn neidio a phrancio'n ffri
O dennyn eu cadwyni.
Gloywon pob un ohonynt
Yn ôl ar wanwynol hynt.

Clywch fref y famog hefyd
Ym môn y clawdd mewn man clyd;
Hithau yn gweld y gwaethaf
Heibio, a daw eto haf.
Heno i lunio telyneg
Af â ffydd i'r tywydd teg.

Emyr Jones (Tanygroes)

ATHRO

(i Tom yr Erw)

Ein prifathro, Plato'r plwy',
Meddai ar holl gof Mawddwy;
Cefn gwlad mewn dillad-pob-dydd
A ganai lwybrau'r gweunydd,
O olion Llwybr Llywelyn
Heibio'r Ro at Blas-y-bryn.
Ei ddosbarth – buarth bywyd;
Neb o bwys yn datgloi'n byd
A'i ymroi'n datgloi'n cefn gwlad.
Eleni dan ddylanwad
Ein hathro bro cawn barhau
I raddio'n nysg ein gwreiddiau.

Tegwyn P. Jones (Llew Coch)

YMDDIHEURO

(i'r 'digrifwr' Griff Rhys Jones a gwynodd fod actorion yn
Abertawe wedi siarad Cymraeg o'i flaen 'bron fel petawn i ddim
yn bodoli' a bod rhai yn defnyddio'r iaith fel 'grym negyddol')

Be haru ni, Brenin Ne'n
Mwydro fel petaem adre'n
Ein hiaith od ni, iaith dy nain,
Â'n gilydd, a'r ddwy'n gelain?
Maddau inni, Griff, am ddwyn gwrid
I'th rudd, am sathru rhyddid
Lloegr sy'n d'alluogi
I fyw'n dy un iaith fain di.
Gwn iti ganmol ganwaith
Gymru Wen – ac am yr iaith,
Gwell ei gweld ar seld yn saff,
Neu'n wargrwm mewn beddargraff.

Huw Meirion Edwards (Y Cŵps)

CYWYDD SERCH

Wna' i ddim anfon mohoni
liw nos hefo 'ngwylan i,
hel gwynt ar ei hynt, na'r hydd,
nac eos fach o gywydd
na gweu lasŵ golau sêr
i'w taenu'n gwrlid tyner.

Wna' i ddim anfon mohoni,
ond dod at dy erchwyn di
a rhoi crwth fy ngeiriau cry'
yn ei hylltod o'r neilltu,
ac yn dy wên, a'r lle'n llwch,
dal dwylo o dawelwch.

Llŷr Gwyn Lewis (Ffoaduriaid)

TWM SIÔN CATI

Rywle, a hi'n loer olau,
a gwynt yr helynt yn hau
yn fy nos ofon eisiau,
mi wn y daw ... mae'n un ... dau ...

Rhy gras yw tincial alaw
hen lestri aur y plas draw
i'r sgweier crand gael gwrando
cri caledi'n nhwll y clo,
ni ŵyr e lais chwyldro'r lôn
a'r taliadau i'r tlodion.

Ond gwn y daw. Daw'r march du.
Daw f'arwr, cyn daw fory.

Mererid Hopwood (Fforddolion)

PAUL ROBESON

O'r feinyl, am ryw funud
Dôi â'r gân yn stori i gyd;
Bwriai'i oll cyhyrog, brau,
Yn grynedig i'r nodau,
Nodau eiddil dioddef,
Yn gôr o un â'i sain gref
A chân yn llawn gwaed a chwys;
Alaw werin ddolurus
Yn bader i bawb ydoedd:
Galw Duw o'r gwaelod oedd.
Heno rwyf, a hi'n hwyrhau,
A'r record yn llawn craciau.

Emyr Davies (Tir Iarll)

STONDIN

Amser cinio daw tlodi
Tre noeth at ein cownter ni;
Un â'i gwedd feinach na'r gwynt,
Gruddiau heb gyhyr iddynt;
Oer yw hi, eisiau rhywun,
Wrth ein silff yn rhythu'n syn.

Rhannu lles, nid cronni llog,
Yw gair y banc trugarog;
Ond â'm henaid dymunwn
Weled oes y maeldy hwn
Heb un cwsmer i'w herio,
A'i duniau gloyw o dan glo.

Robat Powel (Tanau Tawe)

STONDIN

Mae'n llywio'r car, yn aros
dan y niwl, a'r farchnad nos
wedi'i rhoi yng ngolau'r stryd
ar y cyrb. Stop i'r cerbyd.
Un cipolwg heb holi
pwy na pham, cyn pennu ffi'n
y düwch ar ôl dewis
o'r parêd, a setlo'r pris.
A chyn gwawrio, hawlio hon
i'w fyd o fân-drafodion.

Aron Pritchard (Aberhafren)

CREADUR

(Daeth brid Dafad Benfrith y Rhiw i ben tua chanol pumdegau'r
ganrif ddiwetha. Yn ôl traddodiad, tarddiad y brid oedd tair
dafad a lwyddodd i ddod i'r lan oddi ar sgwner a chwythwyd
ar y creigiau ym Mhorth Neigwl ddwy ganrif ynghynt.)

Dwrn o wynt o Dir na n-Og
A gwlân Neigwl ewynnog
Yn tewhau ar y tywyn.
O hwrdd y lli, daeth praidd Llŷn.

Yna, ond un ohonynt
Ar riw gwyllt y môr a'r gwynt.
Ddiwedd haf, dilynodd hi
Ei thylwyth i'r porth heli.

Ond daw bref o'i chynefin
Fel berw iaith ar wefl brin;
Hi yw'r ias ar fawd a red
Y wellaif wedi'r golled.

Gareth Williams (Tir Mawr)

CREADUR

Nôl ei baent, canolbwyntio,
y fi'n dweud stori, a fo
efo'i frwsh a'i haid o frain
yn hela bwystfil milain,
yn ei erlid ar garlam,
hwnnw'n rheg, a'i geg yn gam.
Mor hawdd i mi yw'r addo
mai gwaith ei ddychymyg o
yw popeth ar y papur,
ond o weld ei gleddyf dur,
rwyf nawr tua therfyn nos
yn darian, wedi aros.

Owain Rhys (Aberhafren)

DIOGELWCH

Refio oedd ar ochr y Foel
Â'i og ar ongl anhygoel,
A'r tractor yn how-orwedd
Ar wair lle na allai'r wedd
Sefyll. Hafau 'nôl safai
'Nhad fel beirniad yn gweld bai
Arnaf; bob haf dwedai, 'Paid,
Ar fy llw, 'nenw'r enaid.'

O'r un fan t'ranaf innau
Eiriau tad, rhegi'r to iau,
Am y llethr na wêl trem llanc,
A'r rhiw na wêl yr ieuanc.

Tegwyn P. Jones (Llew Coch)

FFENEST

(Ben Nevis)

Cawsom law di-daw drwy'r dydd
ac eira'n brathu'i gerydd,
y moelydd dan gymylau,
braw'r gwynt, a'r llwybr ar gau
heb ewin o amlinell
pen y byd, a'r copa'n bell.

Wedyn, wrth ddisgyn, fe ddaeth
un ennyd o wahaniaeth –
rhwygodd y llwyd ar agor,
gwelsom haul a glas y môr
a rhyw sglein, ar draws y glyn,
o dduwdod. Caeodd wedyn.

Llŷr Gwyn Lewis (Ffoaduriaid)

TALU'R PWYTH

O Dduw, sut allwn ddeall
natur terfysgwyr y fall?
Anwylom eu hanialwch,
estyn llaw dros dwyni llwch
i freintio, goleuo'u gwlad,
rhoi iddynt ein gwareiddiad
heb geisio blingo; nid blys
ond dylanwad haelionus
er mwyn darn o'r manna du;
a rhoesom drwy air Iesu
lun byd heb Allah na Baal –
a'u diolch ydy dial.

Rhys Dafis (Hiraethog)

TIR NA N-OG

Welaist ti'r bar yn olau
O sêr coll heb amser cau?
Y dawnswyr gwydyr i gyd
Yn nhafarn mwynhau hefyd?
Glywaist ti Nia'n canu
Drwy wallt o aur i'r Llew Du
Am awen hir a mwynhad
A brolio byw i'r eiliad?
Weli di Osian drannoeth
Y canu hwyr ar fainc noeth
Yn dwyn ei ieuenctid o
I botel yn gaib eto?

Eurig Salisbury (Y Glêr)

DIM OND ...

(Elin Llannerch yn canu'r anthem genedlaethol,
ym Mharc Eden, Auckland, Mehefin 11, 2016)

Dim ond y gerdd, dim ond gwên
yn codi o Barc Eden
i Gymru'r Fic, ac mae'r ferch
eto'n Llŷn, y tŷ'n Llannerch
yw cân ei llygaid cynnes.
Ond mae'n dagrau ninnau'n nes –
o dan y wên, daw yn ôl
ein hiraeth. Er mor wrol
yw ei chanu, daw pluen
yn dawel o awel wen
ei gaeaf a thrwy'n haf ni,
enillwn weld ei cholli.

Myrddin ap Dafydd (Tir Mawr)

DIM OND ...

(ymweld â bedd Hedd Wyn am y tro cyntaf)

Dim ond ni a'r meini mud
sy' yma. Dim yn symud:
awel haf ac arafwch
cysglyd ar weryd yn drwch;
ac o gylch y meini gwyn,
haul ac ŷd Gwlad Belg wedyn.

Gwyrddni lawnt. Y gerddi'n lân,
a gyfuwch â draig fechan,
dyna weld ei enw o.
Anadl. Fan draw'n dadflino
ar y dalar mae ffarmwr
how-di-dow yn cario dŵr.

Rhys Iorwerth (Aberhafren)

AR ÔL ...

(Gorffennaf 2016)

Ar ôl i'r brwydrau olaf
ryddhau hualau yr haf,
dof yn ôl mewn gorfoledd
i'w choel hi ac awch y wledd.

Ond cyfandir o hiraeth
sydd yno yn troedio traeth.
Branwen y bore unig,
a brad Efnisien yw brig
y don hir sy'n dod yn ôl
ar dwyni anghrediniol.
I'w chalon rwy'n dychwelyd
o'r drin gyda'r fyddin fud.

Gwenallt Llwyd Ifan (Tal-y-bont)

Ni blant cyflafan John Bwl a'r Sianel,
Ni'r henwyr ifainc, rhy hen i ryfel,
Ni feddwon unig, ni fyddin anwel
Y llenni tywyll a'r llannau tawel,
Yn y *dugout* diogel – ynysig
Mae mur o gerrig rhyngom a'r gorwel.

Idris Reynolds (Crannog)

Mae mur o gerrig rhyngom a'r gorwel,
mur i'th gadw'n dywysog diogel,
hwn yw'r mur i arafu'r gwrthryfel,
ein mur o lechi, amryliw, uchel;
ond gwn, pan gaea'r chwarel – caiff Lego
ei roi heibio, a chamwn trwy'r rwbel.

Owain Rhys (Aberhafren)

Y DRWYDDED YRRU

Ar dy drwydded, onid brad yw rhoddi
nod y deyrnas, stamp Prydeindod arni?
Gwaeth rhoi gwrogaeth na chael dy grogi
ac â dicter parod, mynd â chodi
deiseb yw ein hateb ni. Byw'n ddiddos
yn sŵn ein beiros a ninnau'n berwi.

Rhys Iorwerth (Aberhafren)

NAWDD

Mor barod oeddwn, mor browd o weiddi,
'*Gwaeth rhoi gwrogaeth na chael dy grogi*';
Yna, er adrodd â'r fath wrhydri,
Ymysg clustogau neuaddau'r noddi
Llithrodd angerdd o'r cerddi – yn raddol,
A gynnau heriol y gân yn oeri.

Emyr Davies (Tir Iarll)

'*Ofnwn y wawr, ond codwn faneri!*'
Yw her ei gwaedd i'n hargyhoeddi;
Ar lwyfan steddfod mae'n troi a chodi
Un fraich i'r awyr, cyn i'r ferch rewi ...
Ymhen rhyw ddwyawr mae hi – yn tsiecio'r
Lottery heno'n fflat ei rhieni.

Eurig Salisbury (Y Glêr)

GWEWYR JOHN GLYN

Yn heulwen Mai eleni mae ewin
Miniog farugog yn deifio'r egin;
Oerfel, pan ddêl, â lladd yn ei ddilyn,
Lladd blagur y berth, lladd ysbryd chwerthin;
Mae'n oerach mwyach a mi'n galon glaf;
Nid oes i mi haf, nid oes Mehefin.

Rhys Dafis (Hiraethog)

Ni wn i heno paham yn union,
Rhwng cwsg a'i wadu, y dring cysgodion
Dros barwydydd, pam y daw'r sibrydion
Yn grynu styfnig o'r nosau dyfnion.
Anwesaf dy gnawd cyson – fel gefel;
A ni'n ddiogel, mae hyn yn ddigon.

Huw Meirion Edwards (Y Cŵps)

Cefais fwynhad gan lu o gariadon –
Un o Dre-gŵyr, sawl un o Dregaron,
Dwy yn llawn angerdd o dde Iwerddon,
A rhai o Cenarth ac Abercynon,
Rhywrai o Aberaeron – a'r Creigiau:
Ni wn i enwau y rhain yn union.

Dai Rees Davies (Ffostrasol)

O hyd, bydd y byd a'i ddwylo budur
yno'n ein gwawdio tu draw i'r gwydyr,
tan drown ni eto yn driw i'n natur
o'n cewyll afiach i'r caeau llafur
i estyn am ryw ystyr. Eto i gyd,
yr wyf o hyd wrth fy nghyfrifiadur.

Gruffudd Owen (Ffoaduriaid)

ABER-FAN 2016

Ar hyd y rhesi, tu cefn i'r drysau
Sŵn hallt yr wylo sy'n hollti'r waliau;
Mae pytiau dannedd y cerrig beddau
Yno o hyd yn cnoi eu heneidiau;
Bydd galar, fel bydd golau ar fynydd,
Tra bo aelwydydd ym mhentre'r blodau.

Myrddin ap Dafydd (Tir Mawr)

Rhyw gwmwl isel oedd hel meddyliau;
Anobeithiwn am yr un hen bethau
A'r manion mawrion yn troi am oriau.
Stori debyg i'r holl ystrydebau
Yn ei gwaith a gâi hithau'r Samariad,
Ond drwy un alwad, dôi darn o olau.

Emyr Davies (Tir Iarll)

SYMUD YN ÔL O GAERDYDD
I'R GOGLEDD

Anobeithiaf am yr un hen bethau:
unig a gwledig fydd goleuadau
bach y dre, ac i be'r af i'r bariau?
Eto rhywle, ar fy nghrôl o'r deau,
mae Caernarfon calonnau. A min nos,
y sêr yn agos ar wenu hogiau.

Rhys Iorwerth (Aberhafren)

ENCIL

Yno, ymhell bell o'r byd,
Yno, arhosaf ennyd;
Fy awr wrth lan y foryd.

Lle unig lle bydd llonydd,
A chwib tôn-gron y Pibydd
Yn erfyn am derfyn dydd.

Yn ysblander y blerwch,
Yn y drain a'r mwd yn drwch,
Yn ei waddod caf heddwch.

I'r gorwel â pob helynt
I'w cario gyda'r cerrynt;
Pluen, gwialen a'r gwynt.

Dewi Rhisiart (Y Diwc)

COEDWIG

Suo-gân rhyw oes gynnar
ddug y gwynt o'r derwydd gwâr
heddiw i glustiau byddar.

Bu unwaith ei hafiaith hi
amdanom yn ymdonni,
a'i rhin yn iaith rhieni.

Meinwynt goror fu'n torri
dail ei hoen o'i dwylo hi,
dwyn ei hiaith a'i dinoethi.

Ond mewn seler dan dderi,
y dail hyn yw dalenni
ei chyfrol hynafol hi.

Eto traidd drwy bob gwreiddyn
sillafau o'r hafau hŷn
a gair ym mhob blaguryn.

Gwynnant Hughes (Beirdd Myrddin)

COEDWIG

Cyffes sy'n ei boncyffion:
nad oes o dan fondo hon
wedi canrif ond cynrhon.

I'w dolydd hi, dal i ddod
yn foliog mae'i thrychfilod;
mae ei hadar a'i mwydod

yn byw'n hir rhwng beionéts,
yn cnoi'n dawel mewn helmets –
dyna o hyd goed mud Mametz.

Am wn i. Ni fûm un haf
yn ei dail mewn oed olaf
efo'r brain ar fore braf.

Rhys Iorwerth (Aberhafren)

TYRFA

At bromenâd yr adar
Y down heno bob yn bâr
I weddïo 'da'r ddaear.

Wrth y môr, allor yw hwn,
Y glannau lle pengliniwn
Yn fishi ein defosiwn

Fel un, hyd nes diflanna
Sagrafen ein hufen iâ
Fel yr haul. I foli'r ha'

Y down heno bob yn bâr,
O raid, at wyrth yr adar
A'i wylio, fel pe'n alar.

Hywel Griffiths (Y Glêr)

FFUG-FARWNAD

(Dai Jones, Llanilar)

Wylwch, wylwch fy Ngwalia,
un Sul daeth y cais ola',
nid oes mwy 'Fi Dai sy 'ma'.

Heddiw'n glaf, mae pob dafad
yn wylo, ddaw 'run alwad
'nôl â Dai a'i 'Wannwl Dad!'

Ein tenor deunaw tunnell,
ein dawnus-barchus borchell,
ein llo gwyn, mae mewn lle gwell.

Yn y nef mae o'n nofio,
mae'n sgweiar chwim yn sgio'n
llithrig, ac nid yw'n llithro.

Llanilar sy'n galaru
ei fod o fewn ei feudy
yn farw dan darw du.

Gruffudd Owen (Ffoaduriaid)

PENILLION YMSON

Ystafell Cynddylan ys tywyll heno,
Heb dân, heb deli,
Newid bylb, golau wedy.

MEWN ARHOLIAD

Ar ôl y frawddeg gynta'
Mae'r cyfan oll ar stop,
A'r unig beth sy'n gywir
Yw f'enw ar y top.

Emyr Davies (Ffostrasol)

MEWN SIOP CIGYDD

Ar ôl derbyn profion colesterol
Dwi wedi cael cyngor meddygol:
Dim selsig, cig moch,
Cig gwyn na chig coch.
Oes ganddoch chi opsiwn llysieuol?

Arwel Roberts (Criw'r Ship)

MEWN PABELL

Mae'r glaw yn pitran patran
– dwi angen mynd am drip,
ond O! fy Nuw! fy mhroblem
yw methu ffeindio'r sip.

Llŷr Gwyn Lewis (Ffoaduriaid)

MEWN CÔR MEIBION

Mae ias tu hwnt i'r miwsig
A gwefr na ddaw o'r gân
O diwn sy'n fythol donig
Ymysg y nodau mân;
Nid rhannu hud 'run nodau
Ond hwyl rhwng bois cytûn,
Hen harmoni cwmnïaeth
Sy'n 'n hasio ni yn un.

Rhys Dafis (Hiraethog)

MEWN CÔR MEIBION

Am arweinydd ydy Jo
Mynd rhy gyflym, mynd rhy slo.
Fe ddangosaf ar ôl hon
Ble y dylai gadw'i ffon.

Gareth Jones (Tir Mawr)

STIWARD

Heddiw pan rowliodd y nionyn anferthol
gan anafu dau a lladd tri o bobol,
mi o'n i'n gneud asesiad risg o'r sioe,
ella basa'n well 'swn i 'di neud o ddoe.

Huw Erith (Tir Mawr)

MEWN ARHOSFAN

Rydwyf yma wrth adwy'r llan
'Arrive alive' sydd ar y fan.
Ddoe ces y warden a'r hen bers,
Deg o'r cnebrwng a'r gyrrwr hers.

Gareth Jones (Tir Mawr)

MEWN SIOP DILLAD AIL-LAW

Fe brynais yma awr yn ôl
Ymbarela rhad ail-law
A nawr rwy 'nôl, yn 'run hen siop,
Yn mochel rhag y glaw.

Idris Reynolds (Crannog)

MEWN GYRFA CHWIST

Rwy'n teimlo'n ddigalon a ffôl –
Mae'r ci wedi dwyno'r sêt ôl;
Anghofiais fy sbecs
Ac mae 'nillad yn stecs
Heb obaith am secs ar ffordd 'nôl.

Emyr Jones (Tanygroes)

WRTH FYND ALLAN Â'R BIN SBWRIEL

Sylwi am yr eildro
nad oes 'na fagiau du
gan Mrs Jones drws nesa'
cyn troi yn ôl i'r tŷ.

Owain Rhys (Aberhafren)

MEWN CANOLFAN BADDONDAI

Mae hwnco'n edrych arna' i
Os nad wy'n camgymeryd –
Mae'n sbio'n syth i'm llygaid nawr –
A'i dywel e sy'n symud.

Gwen Jones (Glannau Teifi)

CYFRIFYDD

Fydd Pedr yn fy nghoelio
Pan agorith ef y clawr?
Dim ond hanner fy mhechodau
Fydd yn y llyfr mawr.

Phil Davies (Tal-y-bont)

WRTH NEWID OLWYN

Gwirionedd mawr bywyd sydd yma,
Wrth drio rhoi tro ar y rhod,
Sef gweled tair nyten wrth ymyl,
A gwybod bod pedair i fod.

Hywel Griffiths (Y Glêr)

MEWN CYNHADLEDD I'R WASG

Fi yw'r rheolwr, a fi yw'r olaf
bob tro i gwyno, ac ni ddisgynnaf
i gollfarnu'r reff (yr hwn nad effiaf)
na'r leinsman gwan. Er cael pedwar anaf,
am stad y pitsh ni fitshiaf. Ond y rhain
(heb ddim wylofain) oedd y bai'n bennaf.

Rhys Iorwerth (Aberhafren)

MEWN YSTAFELL NEWID

Mi gasâf holl daclau y gampfa
Tra medraf i gasáu dim.
Mae'r beic a'r peth rhwyfo'n myned
O hyd yn fwy atgas im:
A byddaf yn gofyn bob hwyrddydd
Ar ôl tuchan a chwysu am awr,
Pam, arglwydd, y gwnaethost fy nhywel mor fach
A thywel pawb arall mor fawr?

Arwel Roberts (Criw'r Ship)

CEFNOGWR PÊL-DROED

(Cwpan y Byd 2014)

Ffarwelia â phawb, nid adwaena neb,
mewn cymysgiaith rhwng chwerthin a chrio.
A'i dîm wedi colli, trosi a throi
a wna'r Sais ar y cei yn Rio.
Pwy a edrydd ynfydrwydd ei ganu'n iach,
neu'r hwyl a ddaw im wrth bitïo
penwendid y Sais â'r crys ffwtbol gwyn –
y Sais ar y cei yn Rio?

Rhys Iorwerth (Aberhafren)

BEIRNIAD YN EISTEDDFOD YR URDD

Mi ges i gan Ebrillwen Mai
Berfformiad graenus a di-fai.
Gan Medi Hydref, roedd y traw
Yn ddifrycheuyn drwyddi draw.
Roedd cynnal nodau Heulwen Hud
Yn well na'r gweddill oll i gyd,
Ond am i'w mam fy snogio i,
Meiriona Wyn sy'n mynd â hi.

Arwel Roberts (Criw'r Ship)

MEWN PARTI GWISG FFANSI

Mae hi'n ddigon oer yn fama
I rywun gael croen gŵydd;
Doedd o ddim y syniad gora'
Dod yn fy siwt pen-blwydd.

Gwenan Prysor (Hiraethog)

MEWN ARDDANGOSFA GELF

Llun rhyw sied yn rhwd i gyd,
Caniau'n domen ar y stryd,
Ceffyl coch â chlustiau glas –
Ble mae'r drws er mwyn mynd mas?

Dai Rees Davies (Ffostrasol)

MEWN ARDDANGOSFA GELF

(Osi Rhys Osmond)

Er gweld o drwyn Llansteffan
Arswydo tir Cefn Sidan,
Nid ydi'r haul o dan ei glog
Â'r hebog heno'n hedfan.

Osian Rhys Jones (Y Glêr)

WRTH BARATOI PRYD O FWYD

Gofynnais fel rhan o'r cynhwysion
Am rywfaint o win a llwy,
Nid oes eu hangen i'r bwydydd
Ond mwynheith y *chef* dipyn mwy!

Meirion Jones (Glannau Menai)

MEWN CYFARFOD PWYLLGOR

(Pwyllgor Barddas)

Pwy fydd y cyntaf i gwympo i gysgu?
Pwy fydd y cyntaf i gynganeddu ei chwyrnu?
Pwy sylwith gyntaf 'mod i wedi cnecu?
Pwy all wneud englyn teilwng o'i chlec-hi?

Aneirin Karadog (Tir Iarll)

WRTH DDARLLEN LLYFR

Fel bynsan boeth a stici, mor felys amser te
Yw golwg ar addasiad *Lol* o *Fifty Shades of Grey*.
Mae'n cychwyn pan yw Dewi Llwyd, lamsachus ac erotig,
Yn denu merched i'w bot mêl efo'i sbectol fawr hypnotig.
Mae 'mhyls yn cychwyn rasio a chodi mae'r tymheredd
Wrth ddarllen am ddawn Alan Llwyd i garu mewn cynghanedd.
Ynghlwm ar y dudalen, mewn geiriau noeth, llawn nwyd,
Mae *menu* o orchestion carwriaethol Derec Llwyd.
O! nawr rwy'n cyrraedd cleimacs, mae'n amlwg erbyn hyn:
Mor fawr yw chwant y Meuryn, 'dyw Ceri ddim yn wyn!

Ioan Roberts (Bro Alaw)

MEWN IARD SGRAP

Mae'r pris ar ei isaf eleni.
Gobeithio na fyddan nhw'n sylwi
Fod corpws fy nghymar
Y tu mewn i'r ffrisar ...
Efallai ga' i denar amdani.

Gareth Jones (Tir Mawr)

WRTH SEFYLL ARHOLIAD

Ga' i bapur sy'n fy siwtio i
am draeth, am ddringo coed,
am gicio pêl, am gerdded ci?
Dw i 'mond yn saith mlwydd oed ...

Mari George (Aberhafren)

WRTH WYNA

Er derbyn y testun wythnosau 'mlaen llaw,
A gwybod am fesur y gofal pan ddaw,
Os campwaith sy'n gwpled mewn corlan o grud,
Mae'r wyna bob dydd yn dasg ar y pryd.

Aled Jones (Penllyn)

WRTH WYNA

Fe o'n i'n iawn fy hunan
Ond dyma beth yw poen;
So tyn dy blydi braich mas,
Wy'n trial geni oen.

Arwel Jones (Y Cŵps)

WRTH OSOD BET

Rwyf i yn geffyl rasio
sy'n rhedwr eitha' clou,
rwy'n ffrind 'da phob un joci
ar wahân i'r blydi boi
sy'n reido ar fy nghefen –
mae e yn bach o doff;
so dyma fi'n rhoi canpunt
ar ba berth y cwmpith off.

Endaf Griffiths (Crannog)

WRTH OSOD BET

Rhoddais bres ar ast, *four-to-one*,
yn *six o'clock* White City,
ac am *ten-to-eight* fe ganaf gân
yn dweud ffarwél i'r milgi.

Karen Owen (Fforddolion)

WRTH NEWID BYLB

Ystafell Cynddylan ys tywyll heno,
Heb dân, heb deli,
Newid bylb, golau wedy.

Cynan Jones (Manion o'r Mynydd)

TRIBANNAU
BEDDARGRAFF

Bu farw, (be.) ymadawodd,
Mae'n gelain, fe ddiffoddodd,
Fe aeth o'r byd, mae gyda Duw,
'Di o ddim yn fyw, fe drigodd.

LONCIWR NEU LONCWRAIG

'Rôl rhedeg am ddeg mlynedd,
Dy ras a ddaeth i'w diwedd,
Ond ti yw'r mwya ffit o'r criw
Sydd heddiw yma'n gorwedd.

Arwel Roberts (Criw'r Ship)

LONCIWR

Yn huno dan y rhosod
Mae Wil, hen lonciwr hynod,
Ond er yn bedwar ugain sionc
Ei olaf lonc fu'n ormod.

Rhiain Bebb (Llew Coch)

CHWARAEWR TENIS

Er malu'r raced denau,
A herio gyda Hawkeye,
Daeth gwaedd o 'Game, Set, Match' i lawr
Wrth *Umpire* mawr yr oesau.

Hywel Griffiths (Y Glêr)

PERCHENNOG TŶ TAFARN

Stop-tap, bois bach,' medd ynte,
Fel gwnaeth ers cenedlaethe;
Cadd un cip ola ar ei watsh
A lawr yr hatsh yr aeth-e.

Geraint Williams (Y Cŵps)

AROLYGYDD EI MAWRHYDI

Cest oes o bigo'n ddiball
Ar feiau rhywun arall;
Tro nawr i'r twrch i roddi cur,
Mae yntau'n gr'adur cibddall.

Gwilym Williams (Y Diwc)

AROLYGYDD EI MAWRHYDI

Fe geisiodd wneud ... a methu,
ac yna methodd ddysgu;
doedd dim ar ôl i'r cr'adur ffôl
yntôl ... ond arolygu.

Gruffudd Owen (Ffoaduriaid)

CASGLWR TRETHI

Mi fynnodd dreth ar gwrw
A threth ar unrhyw elw,
Ac yn ei arch y mae'n ddi-feth
Yn mynnu treth am farw.

Huw Dylan (Ysgol y Berwyn)

GYRRWR LORI BINIAU

Ar goll mae corff Wil Caca,
A'i sbwriel aeth i'r llosgfa.
Gwag yw ei fedd a'r cr'adur sy'
Mewn bin ailgylchu'n rwla.

Marc Lloyd Jones (Tegeingl)

MILFEDDYG

Gorweddais mewn sawl corlan
â'm braich mewn tyllau aflan.
Fe ddaeth i mi y gorlan fwll
a'm corff mewn twll yn gyfan.

Ifan Bryn Du (Llew Coch)

MILFEDDYG

Wynebodd gŵn cynddeiriog
A theirw gwyllt a chorniog,
Ond pwsi fflyffi Mair Ty'n Llan
A'i brathodd dan ei falog.

Cynan Jones (Manion o'r Mynydd)

BRICIWR NEU FRICWRAIG

Do, codaist lu o walie,
A'th drywel o mor ddeche;
Ail bip a gei o'th gynnar waith
Ar daith i fyny'r simne.

Arwel Jones (Tanygroes)

BRICIWR

Drwy grefft ei sment a'i drywel
Dai gododd festri'r capel;
Ac os yw'r festri'n gam ei gwedd
Mae Dai'n ei fedd yn lefel.

Gareth Ioan (Ffostrasol)

PERFFORMIWR MEIM

Cyflawnaist bob un weithred
Heb inni fyth dy glywed,
Ac felly 'leni, heb 'run smic,
Fe roddaist gic i'r bwced.

Iwan Rhys (Y Glêr)

NEWYDDIADURWR

Drwy'i yrfa ar *Y Cymro*
teyrngedai'r meirw'n gryno.
Ac yntau'n farw nawr ei hun
doedd lun na gair amdano.

Dafydd Williams (Llanrug)

TATŴYDD

Addurnodd lawer calon,
Ysgythrodd ar sawl dwyfron;
Fe ddeil i grafu yn y gwres
Am fusnes gyda'r meirwon.

Elin Meek (Tanau Tawe)

TATŴYDD

Ta-ta i ti'r tatŵydd,
tatŵiaist ymhob tywydd.
Ar lin dy Dad dy inc ni red;
tatŵied yn dragywydd.

Ifor ap Glyn (Caernarfon)

ARWERTHWR

Fe werthodd fesul acer
ei henfro heb un pryder,
a'r henfro fwyn, gofalu wna'th
fod dwylath ar ei gyfer.

Dafydd Williams (Fforddolion)

ARWERTHWR

Ei oes a roes i brisio,
I gynnig, a bargeinio;
Ond, wrth i'r morthwyl daro'r pren,
Mae'r fargen wedi'i selio.

Terwyn Tomos (Glannau Teifi)

ARWEINYDD CYMANFAOEDD CANU

A'i freichiau am i fyny,
fe godai'r to â'i ganu,
ond heno, gyda'i freichiau 'nghyd,
yn fud mae'r to yn gwasgu.

Eifion Lloyd Jones (Hiraethog)

ARWEINYDD CYMANFAOEDD CANU

Ar ganol ei hoff emyn
Fe fflatiodd hwn yn sydyn.
Fe'i trechwyd gan 'Pa le, pa fodd?'
A chododd o ddim wedyn.

Geraint Jones (Bro Alaw)

ARWEINYDD NOSON LAWEN

Yn awr dy gynulleidfa
Sy'n filoedd o filiyna'
Yn gorfod gwrando ar bob un
O'r jôcs sy'n hŷn na hwytha.

Gareth Jones (Tir Mawr)

ARWEINYDD NOSON LAWEN

'Sdim rhaid i mi gyflwyno
ein seren olaf heno –
rhowch groeso mawr i ... Angau Gawr!
Daeth awr i'r llenni gwympo ...

Ifor ap Glyn (Caernarfon)

ARCHAEOLEGYDD

Milenia a aeth heibio
i'r beddrod gwag, digyffro,
nes tarodd Emyr glamp o rech
a'r gromlech gwympodd arno.

Geraint Williams (Y Cŵps)

TRWSIWR NEU DRWSWRAIG
PEIRIANNAU GOLCHI

Ni fu yr holl driniaethau
Yn drech na chylchdro angau;
A gorwedd yma, gwaetha'r modd –
Mae'n anodd cael y partiau!

Gareth Ioan (Ffostrasol)

TRWSIWR PEIRIANNAU GOLCHI

Ni th'wyllodd 'rioed 'run oedfa,
ond nefoedd gaiff, mi w'ranta,
pan ddaw o allan, y mae'n rhaid,
ag enaid gyda'r gwynna'.

Llŷr Gwyn Lewis (Ffoaduriaid)

TREFNYDD EISTEDDFOD

Roedd traffig eisteddfodol
Ar ddydd ei ŵyl angladdol,
Ond ni fu oedi – aed â'i lwyth
Yn esmwyth mewn hers wennol.

Myrddin ap Dafydd (Tir Mawr)

TREFNYDD EISTEDDFOD

Ehedodd megis gwennol
i sŵn cymanfa ddwyfol
a chywydd croeso lan i'r ne'
i safle sy'n barhaol.

Gwennan Evans (Ffoaduriaid)

GEIRIADURWR

Bu farw, *(be.)* ymadawodd,
Mae'n gelain, fe ddiffoddodd,
Fe aeth o'r byd, mae gyda Duw,
'Di o ddim yn fyw, fe drigodd.

Gareth Jones (Tir Mawr)

GEIRIADURWR

(Dr Samuel Johnson)

Cysegrodd dalp o'i yrfa
I osod trefn ar eiria'
Yn ddestlus iawn o A i Zed
Ond 'Dead' oedd ei air ola'!

Ioan Roberts (Bro Alaw)

TREFNWR ANGLADDAU

Yn awr, 'sdim isie leishens,
Top hat na lot o seiens,
Ond caf ryw hedd a fi mewn bedd
Yn gorwedd gyda 'nghleients.

Eifion Daniels (Beca)

THERAPYDD HARDDWCH

Mor bur a glân dy ddelwedd –
Hysbyseb am hirhoedledd –
Ond heddiw dyma chdi islaw
A baw o dan dy 'winedd.

Gwenan Prysor (Hiraethog)

THERAPYDD HARDDWCH

A *botox* a chemega
Yn dod mor rhwydd â byta,
Roedd ei chrimêtio'n syniad gwael –
Nawr adfail yw'r amlosgfa.

Emlyn Gomer (Caernarfon)

SWYDDOG CYSYLLTIADAU
CYHOEDDUS

Mae'n debyg sgwennodd Betsan
Feddargraff gwych i'w hunan.
Ond gwag yw'r garreg; thalodd neb
Am gofeb i'r hen sguthan.

Geraint Williams (Y Cŵps)

BEIRNIAD EISTEDDFOD YR URDD

Mewn Steddfod uwch steddfodau,
Hwn ddaeth yn ail i angau;
Cas delyn aur a phâr o glocs
Mewn bocs, tu hwnt i famau.

Bryan Stephens (Beirdd Myrddin)

GWERTHWR HUFEN IÂ

Mae'i fiwsig weithiau'n pasio
er nad oes dim byd yno
a'r hafau coll a phlant y stryd
i gyd yn rhedeg ato.

Mari George (Aberhafren)

PERCHENNOG SIOP TRAETH

Mae'r cerdyn wedi'i bostio
a'r bwced wedi'i gicio,
a'r castell tywod nawr yn llwch;
ei gwch sydd wedi hwylio.

Phil Thomas (Tal-y-bont)

PERCHENNOG SIOP TRAETH

Roedd hwn yn codi ffeifar
am hufen iâ heb weffar;
fe gostiai rhaw saith punt naw deg –
gwynt teg ar ôl yr uffar!

Gruffudd Owen (Ffoaduriaid)

PERCHENNOG FAN BYRGYRS

Rhwng dwy fŷn sych fe'i sodrwyd,
trwy hatsh yr hers fe'i taflwyd,
a chyda sgwaryn rhad o gaws
a sgwyrt o saws, fe'i claddwyd.

Aron Pritchard (Aberhafren)

PERCHENNOG FAN BYRGYRS

Ei sgôr hylendid isel
a lenwodd fynwent Bethel;
i'r *Crem* yr aethon nhw â fo
i'w rostio yn ddiogel.

Gwennan Evans (Ffoaduriaid)

CERDDI RHYDD

'... Ni bydd un ots mai'r hen a ŵyr,
fy wyrion piau siarad.
Sŵn hen eu lleisiau newydd
sy'n gwisgo esgyrn llynedd.
Mae'u hegni nhw o hyd ar droed,
mor hen ag oed y mynydd.'

CYMWYNASAU

Mae ambell enaid sydd ddim yn dallt
y curo bron a'r rhwygo gwallt,
y rhegi mwyn a'r holi hallt:

mae ambell un sydd ddim yn dallt
mai'r hyn a wnawn ni am oesau hir
ydi cynnal seiat efo'r gwir
a cheisio smwddio'r nos yn glir:

a dyna wnawn ni am oesau hir
yn lle bodloni ar fynd a dod
rhwng nef ac uffern sydd ddim yn bod
dim ond am mai dyna fuo'r nod:

dim ond bodloni ar fynd a dod ...
oherwydd y mae yna rai sy'n dallt
yn cynnal seiat efo'r gwir
yn lle bodloni ar fynd a dod.

Karen Owen (Y Rhelyw)

CYSGOD

Beth ydyw ar y pared
sy'n edliw wrtha' i'n hy'
am wendid, am ryw broblem
sy'n bygwth muriau'r tŷ?

Fin nos, yng ngwyll blinderau;
ben bore, yno mae –
rhyw arlliw yn y gornel
â siâp annelwig gwae.

Ond pam rwy'n mynnu sylwi
ar rimyn llwyd fel hyn?
Brycheuyn bychan ydyw
a'r wal yn gynfas gwyn.

Sian Owen (Bro Alaw)

CWRDD

Yn yr ardd wag lle loetrai'n harddegau,
yn rhegi'r moelni ac yn gwatwar y muriau,

yr oedd adwy y buom yn borthorion arni;
yn ddau ŵr bachgennaidd yn drachtio poteli

cyn chwalu'r gwydr, sychu'r geg â'r llawes,
chwerthin yn deilchion a chwydu â chyffes.

A phwy, fel fi, a feiddiai ofyn pam,
pan neidiaist ti'r mur â rhyw gyffur yn dy gam?

A bellach, wrth fesur amser mewn erwau
a chyfri dieithrwch gyda hen wynebau,

mae ynof yr un adwy fel 'tae'n 'gored o hyd,
a'r cyfan yn aros, a ddoe yn ddim byd.

Osian Rhys Jones (Y Glêr)

ARFER

(Ebrill 2012)

Rhwng haul a hindda,
tyfu mae'r dillad ar y lein
rhwng peg a pheg.

Smwddiaf grych perffaith
trwy ddagrau'r stêm,
plygu i drefn.
Rhwbio 'nghariad yn sglein
i flaen pob esgid.

Gwisgo;
dy ben melyn
yn gwthio drwy'r crys tyn
fel aileni.
A'th brifiant
yn logo balch dy deirblwydd.

Llun,
a'th wên yn lwmp yn fy ngwddf.

Taith fer i'r ysgol
a'r buarth yn gwahodd.
Dwi'n dal dy law yn dynn,
a thithau'n gollwng.

Nia Môn (Criw'r Ship)

HWIANGERDD ...

... yw chwiban bugeiliaid y gwynt
yn corlannu awelon drwy gwrlid niwl,
a chwip y llafnau'n rhwygo'n fain
dros orwelion llwyd, lle bu'r ehedydd gynt
yn castio'i nodau i fôr o gymylau,
y tu hwnt i bob bod.

Hwiangerdd geir yn nwndwr afon
sy'n ffromi'n daer ar arffed dôl.
Yn stori ei rhawd mae sŵn ei rheg,
am i'w hynt gael ei hastu
o fynwes rhos ac o afael yr hesg.
Clyw sŵn y grisial heno'n crynu drwy'r erwau caeth,
a'r dicter yn chwalu'n deilchion
dros groen y tir.

Hwiangerdd yw'r alaw sy'n dal i'n suo
â'n byd yn chwil, a'i grud yn siglo
ar echel cynnydd, a'r llanw'n curo
â gwawd yn ei ddwrn, a ninnau'n huno.

Elinor Gwynn (Glannau Menai)

TROI A THROSI

'Melys cwsg potes maip',
ac fe gysgaf i fel babi blwydd,
fel boncyff Seisnig,
tan fy larwm.
Cyfnasau fy nghydwybod yn dynn a llyfn.

Ac eto mae tamaid ohonaf,
yn fy moreau trefnus, gwâr,
yn hiraethu am y cwsg anesmwyth,
a'r pigiadau ofn trwy'r gobennydd
a dystiai fy mod, y diwrnod cynt,
wedi gwneud rhywbeth.

Sian Northey (Tywysogion)

DIOSG

Mae sawr henaint
ar y dillad diwetydd.

Sidan yr 'c p t',
'g b d',
'll m rh'
wedi treiglo
gyda Nant y Mynydd
tua'r llwch.

Glas a choch a melyn
gwisg barti'r diarhebion
wedi hen bylu
mewn cwpwrdd clo.

A hen siwmper gysurus
y gair-bob-dydd
yn dyllog frau
dros fraich y gadair.

Nes cyrraedd noethlymundod
'We don't do Welsh'.

Nia Powell (Manion o'r Mynydd)

ELI

Roedd y llanw i mewn
a'r haul yn dechrau 'stwytho
at y sioe o fachlud.

Ac rwy'n gwylio gwefr wynebau plant
a'r cyffro cyfan sy'n trydanu cyrff
pan lania gwledd o sglodion
yn blateidiau mawr o'u blaenau,
yng nghysgod sŵn gwylanod
sydd yn hawlio briwsion blêr
y llecyn hwn ar lan y môr.

Ond mae dagrau hon
yn raean ac yn dywod cras
ar benliniau bychain, coch.
Ac rwy'n gwylio hud y dwylo hyn,
yr unig rai, all rwbio – fel 'tae'n lamp Aladin –
a chanfod gwlad sy'n chwerthin,
byd sy'n sgipio eto.

Dafydd John Pritchard (Y Cŵps)

PATRWM

Y patrwm glas arferol
Oedd ar silffoedd tŷ fy nain,
A'r haul fel cymwynaswr
Yn arddangos glendid rhain.

A phan ddôi gwanwyn cynnar
Rhaid oedd golchi'r rhain i gyd,
A'u cadw'n orofalus
Fel rhoi baban yn ei grud.

Ond ddoe a gaeaf arall
Yn ailbaentio ffriddoedd Llŷn,
Fe sylwais rhwng dau olau
Fod crac yn ambell un.

John Gruffydd Jones (Tegeingl)

TYNNU'N GROES

Fe ddaethon nhw 'mlaen yng Nghaer
ar ddiwrnod tanbaid cynta'r flwyddyn,
ond doedd eu golygon ddim tua'r môr
a wibiai'n emrallt heibio i'r ffenest,
'mond wynebu'i gilydd dros fwrdd bach plastig
heb weld plygiadau gwydr yr haul.

Roedd y tad yn galed, a phob cyhyr o'i eiddo'n
tynhau drwy bob troad, pob cwestiwn
o enau'r mab. Roedd yntau'n feddal
i gyd, yn gwenu, ac yn drên o chwilfrydedd.
Ac fesul gorsaf, eglurai'r tad bod y fam
yn aros; byddai yntau, y tad, yn dychwelyd,
ar hyd lein arall. Tawelwch. Tynhau.

Yna'r mab yn gwenu, gan ddweud, 'Mi fedra' i
weld fy hun yn dy lygaid di, Dad',
a meddalwch y gweld yn doddi tawel rhyngddynt.
Gwyliais y ddau yn glanio, heb ddal
y ffarwél, na'r ddau yn tynnu i'w gwahanol ffyrdd,
achos plymiodd y trên o'r awyr las i dywyllwch tanbaid y twnnel,
a'r môr yn mynd o'r golwg, a'r gwylanod gwyn, a'r haul.

Llŷr Gwyn Lewis (Ffoaduriaid)

SGIDIAU

Bellach rwy'n un
o'r chwiorydd hyll
yn torri blaen fy mawd
i ffitio'r esgid,
a'r lledr gwyn yn goch gan waed.
Y lledr coch sy'n dawnsio
hyd y sarn o friciau melyn
yng nghwmni'r llew,
ac yntau â gorchest ei law gyffes
yn pwytho twyll
i sgidiau mam ddialgar.
Prin dw i'n cofio'r dyddiau troednoeth
cyn y straeon
a'm bodiau yn fy nghrud
heb gerdded cam.

Sian Northey (Tywysogion)

SEREMONI

(Gorffennaf 2014)

'*Exegi monumentum aere perennius*'*
y bardd bach uwch beirdd y byd
hedodd ei angau i Barcelona hefyd
a minnau'n syfrdan yn y Sagrada Familia

yn gwylio breichiau'n codi, yn ceisio dal goleuni,
ymbil eu camerâu yn ofer ridyllu
tragwyddoldeb i'w lluniau dirifedi,
wrth addoli gwaith dyn a gynganeddai feini.

Ac yn offeren ansicr y breichiau
synhwyrwn chwithdod fy mhobl innau
yn ymbalfalu am eiriau,
yn ceisio snapio teyrngedau.

O am gael naddu ystyr fel pensaer ein neuaddau,
pencerdd dyfnderoedd ein dyheadau
a grynhoai fydoedd mewn cwpled cymen,
a'i awdlau'n codi'n glochdyrau amgen.
Ond fe'i dathlwn, tra cerddwn ei gynteddau,
mae pob carreg yn sill yng ngweddi'r oesau.

Ifor ap Glyn (Caernarfon)

* 'Ac mi a godais gofeb fwy arhosol nag efydd ...' (Horas)

ARFER

O rwyg y lôn, ac o'r glaw,
a dialedd dialaw
yr oerwynt uwch Eryri,
roedd yn hawdd ein hyrddio ni
i fan nad oedd fyth i fod –
hud eurferch wedi darfod,
dwy un fach i'w tad yn fur,
a'i gesail yntau'n gysur.

Yna mudan ymadael
i awyr las perl o haul,
a'i lliwiau hi'n llenwi'r lle,
o winllan Dyffryn Nantlle
hyd Arfon ac Eifionydd,
i'r fan hyn. Ar derfyn dydd
eiddo dwy fydd hud dy wên
a'th alaw dithau, Olwen.

Owain Rhys (Aberhafren)

ADDUNED

(mae yna gred bod gylfinirod, a elwir yn Gŵn Ebrill
yn yr ardal acw, ganol gaeaf yn hebrwng y gwanwyn)

Mi deimlaf heddiw feini'r gwynt
Yn hyrddio'u neges am a ddaw
Pan sleifia'r gaeaf ar ei hynt
A'm gadael innau gyda'r glaw;
A gwelaf grinder deiliach brown
Yn siglo 'nghangau'r awel ffri,
Ond rhown y byd i gyd pe cawn
I fynd â'r hydref gyda mi.
Ond eto, mae 'na rywbeth iach
Ar fore oer o eira glân
O estyn am ryw flanced fach
A swatio'n sownd o flaen y tân,
A chri Cŵn Ebrill trwy yr ias
Yn hebrwng ataf wanwyn glas.

Ioan Gwilym (Manion o'r Mynydd)

ANNIBENDOD

Pan fydd y llyfrau'n daclus
A'r Lego yn y bocs,
Y lliwiau wedi'u cadw
'Da Cyw, y clai a'r blocs,
Bydd trefn ar fywyd fel o'r blân
Ar soffa fach y lolfa lân.

Ond gwag yw'r carped moethus,
Mae bylchau ar y llawr,
Tawelwch yw'r taclusrwydd
Heb sŵn y chwarae mawr,
A dim ond sibrwd anal ddofn
O'r radio bach sy'n lleddfu'r ofn.

Hywel Griffiths (Y Glêr)

ARF

(mae Llyn Cerrig Bach yn ffinio â maes awyr
milwrol y Fali)

Yn nyddiau cleddyfau Llyn Cerrig Bach
roedd lladd yn grefft,
chwa o chwys yn gymysg â'r brath
yn rhan o'r gêm;
fflach haul fel fflam ar lafn
wrth iddo durio'r darian,
lliw yn y lladd
a bywyd mewn marwolaeth.

Heddiw lluosog yw'r lladd,
proses mor amhersonol
â bysedd ar allweddell
heb weld y fflach mewn llygaid
na'r fflam yn diffodd;
y cyfan o hirbell
yn glinigol ddieflig
gan angylion angau melltigedig.

O am gael eto frwydro ag arfau iach
fel cleddyfau dyfroedd Llyn Cerrig Bach.

Cen Williams (Bro Alaw)

TERAS

I'r strydoedd cymen hyn, daeth rhesi bechgyn
yn cadw'u patrwm megis cynt,
wrth groesi tir neb.

Mae canrif wedi ail-lasu'r tir
a chwythwyd mewn eiliadau gwaed ...
rhidyllu'i ymysgaroedd ... ffrwydro'i gnawd.
Bu'n gysgod i'r bechgyn rhag y storom ddur
a'r drysau tyweirch yn cau'n dawel ar eu hôl.

Daethant o strydoedd cyfyng cyffelyb,
lle bu corn y gad yn corlannu cyfeillion
ar gyfer y fenter fawr,
cyn i'r tai wincio'u bleinds
o un i un.

Heno, mae'r cerrig yn wyn fel esgyrn
a heulwen yr hwyr
yn naddu'r enwau'n berffaith,
yn bwrw cysgodion hir.

Ddaw neb i darfu ar ango'r cymdogion,
dim ond ambell ddieithryn,
o'r dyfodol nas cawsant,
yn craffu'n ddiddeall ar Braille yr enwau,
am fod y drysau i gyd ar glo.

Ifor ap Glyn (Caernarfon)

DRAMA

Ar lwyfan gwag, mae llais nad aeth o'r byd
Ar alaw hŷn na'r gwynt drwy ddeilen grin:
'Oes rhywun ar y rhodwydd uwch y rhyd?'

Mae'r llafnau i gyd dan bwysau'r meysydd ŷd.
Does fawr o awydd mynd. Ond ar y ffin,
Ar lwyfan gwag, mae llais nad aeth o'r byd

Yn dod drwy wendid y clustogau clyd:
'A Chwefror yn y cwm yn troi tu min,
Oes rhywun ar y rhodwydd uwch y rhyd?'

Ac er mor denau'r darian, mae o hyd
Yn ddrych i'r wên oedd unwaith yn ei thrin
Ar lwyfan gwag. Mae'r llais nad aeth o'r byd

Yn dal i hawlio gwerth i'r geiriau mud,
Yn dal i godi hwyl ar lwybrau blin,
'Oes rhywun ar y rhodwydd uwch y rhyd?'

Mae'r ateb parod eto'n ffoi cyn pryd.
Mae'r dwylo'n llonydd ar eu dau ben-lin.
Ar lwyfan gwag, mae llais nad aeth o'r byd:
'Oes rhywun ar y rhodwydd uwch y rhyd?'

Myrddin ap Dafydd (Tir Mawr)

LLAIS

(i John Glyn, a fagwyd ar fferm y Llys, ger Dinbych, safle'r
gaer fu'n gartref i Gwenllïan, merch Llywelyn Fawr)

Mae sŵn hen wylo yn Llys Gwenllïan,
sŵn colli'i phlant ar hyd y canrifoedd;
na, nid oes bellach 'ffin rhwng byddinoedd'*
ond nid ei hiaith hi yw iaith y winllan.

Mae'n wylo heno am eiriau'r garddwr
fu'n prysur araf warchod y llwyni
yn ddoeth a chadarn rhag y mieri
â'i wên ddireidus i gyd-wladgarwr.

Drwy'r mwg, daw murmur melfedaidd pwyllog
fod rhaid in droedio sawl llwybr troellog;
daw angerdd tawel y dyfnder llonydd
am sychu dagrau a gweld o'r newydd:
'Un cyfle byr a gawn i wireddu
breuddwyd Gwenllïan ar ddaear Cymru.'

* o gywydd heriol John Glyn Jones, 'Fy ngwlad'

Eifion Lloyd Jones (Hiraethog)

BRAINT

Fe redan nhw drwy fy egni
gyda'u dyrnau brwnt
a syllaf ar ein staen jam
o gartre.
Yn sŵn briwsion
a nodau poenus piano
camaf ar ddarn o Lego
a dyna hi.
Af drwy'r drws yn drwm
a'i chwalu ar gau,
at y lôn
y breuddwydiaf amdani.
Cerdded drwy'i llonyddwch
a diolch am dawelwch.
Ond daw cecru adar yr hwyr
a chic rhyw bêl o bell
i'm baglu.
A throf yn ôl
yn yr haul marw,
troi am y drws
a'r sŵn
sy'n chwilio amdana' i.

Mari George (Aberhafren)

PICNIC

Doedden nhw ddim y math o ferched
fyddai'n gadael i ddiwrnod braf fynd yn ofer.
Byddai wastad ddillad i'w golchi,
ffenestri i'w glanhau
heb sôn am y seilej;
a chasglu mwyar duon
oedd y peth agosaf wnaent
at segura.

Ond heddiw aethant at aer llesol y môr.
Taenu carthen denau dros y cerrig,
rhannu te claear o fflasg
a brechdanau heb grystyn:
wy, samwn, ham a chaws;
gwenu a chwerthin
fel pe na bai dim byd yn bod.

Gwennan Evans (Ffoaduriaid)

HOLI

Glywest ti'r gwcw 'leni,
Ei gweld hi hyd yn ôd?
A dda'th hi i Garn Alw
I ganu fel eriôd?

A dda'th y wennol hithe
I'r glowty yn Glyn Mân
Yn wthnos gynta Ebrill
Yn gowir fel o'r blân?

Welest ti'r dderwen wedyn,
A'r onnen bwys y tŷ?
P'un o'r ddwy we cynta, gwed,
I wisgo'u dail di-ri?

O, pam na cha' i fynd gatre
I glywed cyffro'r clos,
I weld y dydd yn machlud,
A seren gynta'r nos?

Rachel Phillips-James (Beca)

MWG

Ac wele'r mwg main a weindiodd nôl i'r corn
a ninnau'r dorf yn cilio wysg ein cefnau
o gynteddau'r Angau.
Ac adre aethom i gadw'r cotiau du,
i dynnu'r cardiau o'u hamlenni
a'u rhoi yn ôl yn 'drôr.

Daeth car i'th hebrwng 'nôl i'r tŷ,
i wella'n ara' deg.
Cafodd y genod fendith dy gwmni
a chlapio pan dynnwyd y tiwbiau.
Cefaist ha' bach Mihangel
a'r afalau'n neidio'n ôl i gangau'r coed.

A rhyw ddiwrnod, rhwng dau olau,
pan oedd anadl y plant yn gwmwl ar ffenest,
cest ti ddysgu iddynt wneud tân oer;
a'r dwylo bach yn plethu'r papur newydd,
yn pentyrru cariad i'r grât,
i'w cadw'n gynnes, gydol y gaea' hir.

Ifor ap Glyn (Caernarfon)

DYMUNIAD

Aderyn diniwed yr olwg,
fel duw ar geubren
yn dymuno'r gwyll
i gael lledu'i adenydd
a thrawsffurfio'n heliwr
er mwyn ei fyw.

Chwiler afluniaidd
yn llonydd,
yno am hydoedd
yn disgwyl amodau
ei fetamorffeiddio'n harddwch
a byw.

A ninnau'n gymysgedd od
o'r heliwr a'r harddwch,
yn deisyfu awr ein gweddnewidiad
trwy beidio â bod,
yn glynu yn y gobaith
y cawn fywyd eto.

Cen Williams (Bro Alaw)

TRUGAREDDAU

(cadair siglo)

Pam,
a minnau ar fin camu i'r car
a'i gadael hithau'n griddfan yn y sgip,
y teimlais ei dwylaw amdanaf
yn gafael yn dynn?

Efallai
am 'mod i'n dal i deimlo Mam-gu'n
fy siglo 'nôl a 'mlaen arni,
am 'mod i'n dal i gofio'r straeon ger y pentan
am ei mam-gu hithau'n gwneud yr un fath.

Yn siglo a siglo a siglo.

A dyma fi wedyn, ar y soffa ledr,
yn estyn am eiriadur Sbaeneg,
a gweld, rhwng du a gwyn, mai ystyr 'siglo'
yw 'canrif'.

A deall pam.

Rhuthrais at y sgip i adfer yr hen bren,
a'i gosod yn y gornel lle caiff siglo drachefn.

Gwynfor Dafydd (Tir Iarll)

SIARAD

Llenwi'r parlwr bach â dwylo'n
mesur iaith eu cydymdeimlo,
silff ar silff o eiriau duon
a'r baich pennaf, geiriau gwynion.

Llenwi'r dydd â briwsion cysur,
blât wrth blât, i leddfu dolur;
tagu cur wrth lenwi tegell,
tagu'r hyn sydd lond ystafell.

Llenwi'r hwyr â gwledd deledu,
crio chwerthin pob rhyw deulu;
llenwi'r awr i'r oriau gerdded,
taro'r post i beidio clywed.

Llenwi wythnos, llenwi misoedd,
llenwi oes â sŵn blynyddoedd;
llenwi'r holl eiliadau mudan
am fod 'rheiny'n dweud y cyfan.

Mari Lisa (Fforddolion)

TARFU

Mae'r byd wyneb i waered yn Llyn Padarn,
ac yn llonydd, llonydd. Mae'r cymylau

prin yn stond, llechi Dinorwig yn stond,
yr haul mawr melyn yn stond. Weithiau

bydd adar yn hedfan yn y llun, yn y llyn
llonydd, heb darfu dim ar y drych o ddŵr.

A gall rhywun ddychmygu gwyrthiau yn fan hyn,
holl drigolion mud y lle yn cerdded, sglefrio, dawnsio'n stŵr

ar hyd y ddelwedd hon, heb beri crych na thon
i newid dim ar y perffeithrwydd llonydd.

Ac yna mentraf innau osod llaw yn dyner yn y dŵr
a gwelaf bopeth yn anharddu, yn diflannu mewn cywilydd.

Mae fy llaw yn oer, ac rwyf yno'n unig ac yn syllu eto'n hir
ar y perffeithrwydd gynt lle nad oes dim, bellach, i'w weld yn glir.

Dafydd John Pritchard (Y Cŵps)

DIBYN

Rho dy ben i lawr, fy mhlentyn,
Cwsg dy gwsg di-nam,
Canaf iti gân i'th suo
Heno rhag pob cam.

Dianc wnaethom rhag y bwystfil
Oedd yn rheibio'n byw,
Eto does ond croeso cyndyn
I eneidiau briw.

Rho dy ben i lawr, fy mhlentyn,
Cwsg dy gwsg di-fraw,
Fory fe wnawn groesi'r dibyn
I wlad arall, draw.

Ann Richards (Tanygroes)

DIBYN

(ar ôl gwylio *Gŵr y Geiriau*, Gwyn Thomas)

Flynyddoedd cyn y'm ganed
bu'r rwbel yma'n symud:
iaith yn cropian ar lethr ddu
yn bathu fy mhlentyndod.
Daeth haenau geiriau'n styfnig
i'r wyneb; un mor rhychiog
â Nyth y Gigfran erbyn hyn.
Ond plentyn fyth yw'r garreg.
Pan dawaf i ryw ddiwrnod,
i'r rwbel caf ddychwelyd.
Ni bydd un ots mai'r hen a ŵyr,
fy wyrion piau siarad.
Sŵn hen eu lleisiau newydd
sy'n gwisgo esgyrn llynedd.
Mae'u hegni nhw o hyd ar droed,
mor hen ag oed y mynydd.

Osian Rhys Jones (Y Glêr)

MÂN US

(er cof am Gwyn Thomas)

Mân us ein dyddiau segur a chwâl o flaen y gwynt;
ond nithiodd yntau'r eiliadau gwenith,
a melino'i brofiadau'n flawd,
canys dyna fara ei fywyd.
A hwn a wnaeth yn fawr o'i amser,
o fore gwyn tan nos ...

Ac efe a ganfyddai wenith i'w ddeheulaw
pan welai eraill ddim namyn us,
a'i hulio gerbron ei bobl, yn eu hiaith hwythau,
(a bys ei law aswy'n ategu ei bwynt!).
Bu'n gyfrwng unigryw i'r hen rymusterau,
a gwenai yn wyneb jôcs gwael yr angau ...

Bydd sŵn ei gerddi'n dal i grafu'r nos,
wrth redeg heno ar domennydd yr hil
ond ciliodd ei lais yn ôl i'r geiriau.
Ac o fore gwyn tan nos,
mae'r ffôn yn canu gwrogaeth
mewn tŷ sydd hanner gwag ...

Ifor ap Glyn (Caernarfon)

CASGLU
(Gwyn Thomas)

Nid peth newydd yw heddiw. Fe'i crëwyd
gan bob un a soniodd, ddoe, am 'fory':
mae machlud neithiwr yn ddechrau llinyn arian

a all ein harwain i bob ddoe a fu erioed
ond bod y rhelyw'n ddall yn wyneb amser:
yn methu gweld dim mwy na'u heddiw 'u hun.

Ond nid felly fo, a allai syllu ar lawysgrif
a gweld trichan corff yn gelain yng Nghatraeth;
a bod yn dyst i ladd yr hogyn yn Rhyd Forlas.

Nid felly fo, a leibiodd laddedigion ddoe
i'w gyfansoddiad a'u dadeni'n fyw:
y fo a fu'n hel hanesion fel sêr i'w sach,

yn hogi llwch yr oesau'n llewyrch newydd
cyn ffrwydro'i ddysg yn gawod dyner drosom.
Nid felly fo, yr henwr mwyn a'r t'wysog ola

â geiriau'n ymfyddino yn ei ben.
Ac am i'r geiriau hynny ymffurfio'n greigiau,
cawn sicrwydd na ddown ni – nac yntau – byth i ben.

Elis Dafydd (Criw'r Ship)

CASGLU
(Gwyn Thomas)

Y mae rhywun yn rhywle o hyd
yn casglu'n goreuon i gyd,
yn hawlio'n rhuddin hefyd.
Ac eto, eleni, fe gipiwyd
y ddawn a welodd mewn llechi llwyd
awen a chymuned, galar a gobaith ac aelwyd.
Y ddawn honno a fynnodd, a ofnodd
ac a ddathlodd y cyfan, rywfodd,
yn nyfnder dyfnaf Bod. Y ddawn a ryfeddodd
ar yr eiliad, yr un eiliad honno a aeth,
a aeth am byth, a'i hôl fel tywod rhydd a chaeth;
yr eiliad fawr ei hymyrraeth.
Nid chwys yn unig, nid jyst job o waith; fe gredai'n yr awen,
fe gredai mewn jôc, mewn dagrau, gair a chystrawen;
fe'u casglodd i gyd, yn gofeb, yn rhodd, yn Bair Ceridwen.

Dafydd John Pritchard (Y Cŵps)

SIWGR

Sgrech cyllell ar blât drwy'r tŷ.
Sŵn crafu gweddillion y noswaith i'r bin.
Distawrwydd wedyn,
pob cyllell a fforc yn eu gwelyau
yn y ddrôr.
Popeth yn dwt ac yn ei le.
Ac mewn cegin lle mae'r ddau
yn sipian eu paneidiau chwerw,
mae staen coffi yn y siwgr gwyn.

Phil Thomas (Tal-y-bont)

POTEL

Cerddaf yr holl draethau
dan rwyd o fore
yn corddi cregyn dy eiriau,
taflu neithiwr.
Gweld dim
rhwng y sbwriel sych
ond dau aderyn
yn cerdded oddi wrth ei gilydd.
Mi roddwn haf o haul
am gael dy weld,
agor neges,
agor dy law.
Ond dw i mor styfnig
â'r môr
ac arhosaf i'r llanw nesa
ddod â gwydr pigog fy nial
atat ti fesul darn.

Mari George (Aberhafren)

CIP SYDYN

Yn dyner, dawel daw i'r sgrin
dy lun, mewn du a gwyn.
A gwelaf, mewn hanner curiad
adenydd glöyn byw
dy lygaid a dy gysgod,
dy straeon a dy chwerthin,
dy enw a dy hoff si-hei-lw.
Fel petai rhywun
wedi gosod y cyfan
yn barsel annisgwyl
ar riniog fy myd.
Cyn i eiriau'r nyrs ddisgyn
yn araf amdanaf fel plu,
a 'ngwneud i'n slwj o eira oer.
Does dim parsel na glöyn byw.
Mae'r llun yn deilchion.

Casia Wiliam (Ffoaduriaid)

GRISIAU

(Mehefin 24ain, 2016 yn dilyn pleidlais Brexit)

Mae e'n codi'n y nos
i eistedd ar y gris isa
a galw amdana' i,
ei ofnau'n newid siâp bob tro
fel y lleuad.

A dw i'n cario atebion
yn ôl i'r llofft,
yn addo eto,
y daw'r bore.

Ond heno
dw i'n hŷn dan ei gwestiynau,
felly steddwn gyda'n gilydd
ar ebychiad o ris
ac yntau'n fy ngwylio'n
brathu
ewin o leuad.

Mari George (Aberhafren)

TRO GWAEL

Gwisgodd ei grys West Ham,
er ei fod yn rhy fach yn barod,
i ddangos fod yr anrheg
pen-blwydd yn plesio.

Daeth â'i albwm sticeri
fel y gwelai mor ddiwyd y bu.

Bu'n ymarfer,
yn gyrru'i fam o'i cho'
â sŵn y bêl
yn dyrnu talcen y tŷ.

A neithiwr,
gwyliodd y gêm
fel bod ganddo sgwrs.

Ond ar ei ben ei hun
ar fainc yn y parc
y treuliodd y bore
yn magu'r bêl yn ei gôl.

Gwennan Evans (Ffoaduriaid)

CASGLU

Fe'i gwelsom hi rhyw bnawn yn llwydo'r lle
a chelc o fagiau budr yn ei dwrn;
llygadai, dan ei gwg, balmantau'r dre
fel petai pawb a phopeth arni'n fwrn.
O dro i dro, arhosai, plygai'n gaeth
i estyn crafanc melyn am ryw grair,
hen damaid ffoil, neu gaead potel laeth,
a'i wthio'n slei i blastigeddau'i phair.
Yr oeddem yn dyfalu am yn ail
beth a'i gorfodai hi i fod fel hyn,
fel coeden a ddisbyddwyd gan y traul
o ymbalfalu am bob cysur prin,
ac aethom heibio gyda'n bagiau drud
i fesur hyd ein byw â fflwcs y byd.

Mari Lisa (Fforddolion)

PANED

Pa drafod tywydd? Lle bu'r haul mae twll.
Pa iechyd ddaw i'r sgwrs a phawb mor glaf?
Pa sôn am waith a'r oriau i gyd yn fwll?
Pa siarad am yfory heb un haf?
Ar aelwyd galar, glynant wrth hen drefn
Ar ôl i angau daflu'r lle tu chwith,
Ben lawr. Cynigiant ddefod cegin gefn
A seremoni'r te a'r bara brith.
Cysetlyd fydd ein hateb greddfol: 'Does
Dim isio, wir' neu 'Dawn ni ddim yn fodd
I beri trafferth'; ffugio bod yn groes ...
Nes inni gallio, cofio, derbyn rhodd
Eu dwylo; derbyn bod pob 'Gwan neu gry?'
Yn gamau bach at ddechrau trwsio'r tŷ.

Myrddin ap Dafydd (Tir Mawr)

TAFLU CERRIG

Cerddwn ni am dro lawr at yr afon,
at encil bach rhag sŵn y siop a'r parc,
law yn llaw at lan o gerrig llwydion
lle daw y criwiau iau i osod marc
eu chwyldro ar bileri'r pontydd pren
a chreu argaeau. Yno cydiaist ti,
'rôl rhedeg at y dŵr, mewn carreg wen
a'i thaflu'n lletchwith. Do, fe chwarddaist ti
ar gylch bach yn y dŵr, yr eiliad hir
nes bod y llif yn 'sgubo'r siâp i'r bae,
at siapiau coll yr oesau, olion tir
nad yw'n bod, ond rwy'n llon, oherwydd mae'r
un garreg fach a deflaist ti o'th law
yn drwm ar lannau Rheidol yn y glaw.

Hywel Griffiths (Y Glêr)

PICNIC

(Gorffennaf 1af, 1916)

Aeth un yn ôl i nôl ei bêl. Daeth un
ag organ geg i godi sbonc i'w gam.
Roedd hedydd bach yn llawn o'r haul ei hun
yn gwmni i rai. Daeth un â llun o'i fam.
Cydgerdded yn hamddenol oedd y drefn,
fel rhes yn mynd i'r rhosydd i hel llus;
ysgwydd wrth gydysgwydd a sach ar gefn,
bisgedi a photeli. Doedd dim brys
– roedd eraill wedi addo llwybrau clir,
crymanu bylchau rhwng y llwyni drain.
Ond gan ei bod hi'n ha', roedd uwch y tir
gymylau'r gwybed a'u brathiadau main.
Fin hwyr, roedd briwsion ar y cwilt ar lawr
yn wledd i'r pridd, yn dathlu'r diwrnod mawr.

Myrddin ap Dafydd (Tir Mawr)

ENGLYNION

*Dim ond hen het a chetyn – yn gorwedd
yn y gwair, a phlentyn
yn clirio'r llanast claerwyn
enbyd o oer, lle bu dyn.*

IET

Er i draul rydu'r hoelion, – er i'r pryf
    Ddifa'r pren yn yfflon,
    Mae 'na le ym mhen y lôn
    I'w rhoi'n ôl ar hen olion.

Dai Jones (Crannog)

IET

Dôi llaw rhwd y llawer haf – â'r gwendid
    Mor gyndyn o araf,
    Ond cau i'm gwanwynau wnaf
    Ac i hiraeth agoraf.

Philippa Gibson (Tanygroes)

ENGLYN YN CYNNWYS ENW RHAGLEN DELEDU I BLANT

Y Duw Gerallt a garwn – hen foi iawn
    hael ei farc a'i bardwn;
    Ai rhyw hync yw'r Ceri hwn?
    Ai sgolor, ai Rapsgaliwn?

John Glyn Jones (Hiraethog)

SWYDDFA

('Swyddfa' yr amaethwr)

Mae hon yn noeth o foethus, yn mesur
    y misoedd yn drefnus;
    cadw crefft mewn poced crys
    a'i ydlan yn bencadlys.

Meirion Jones (Beirdd Myrddin)

SWYDDFA

(Y ffôn Blackberry)

Mae gair a llais yma gerllaw'n – ddi-oed
    yn ddesg ar ddeheulaw,
    yn estyn ffeiliau'n ddistaw
    a minnau'n llwyr mewn un llaw.

Geraint Roberts (Y Rhelyw)

SIOM

Dim ond hen het a chetyn – yn gorwedd
    yn y gwair, a phlentyn
    yn clirio'r llanast claerwyn
    enbyd o oer, lle bu dyn.

Gruffudd Owen (Ffoaduriaid)

TACLUSO

Bwyell yw'n hangen bellach – yn yr ardd,
        Rhaid ymroi'n gadarnach
        I annog dull amgenach
        O adfer ein border bach.

Iwan Bryn James (Y Cŵps)

CYFRIFOLDEB

I fyd y Cantrefi hyn, – y mae'r môr
        a'i rym mawr yn ddychryn.
        Ac mae sicrhau'r dorau'n dynn
        yn waith anodd, Seithennyn.

Dafydd Williams (Llanrug)

BRO

Y fro agos ni fawrygi, – miragl
        Ei mawredd ni weli;
        Hyfrytach na'th fro iti
        Yw'r fro bell sy'n well na hi.

John Emyr (Y Cnape)

PENDERFYNIAD

Nid oes ond hanner dwsin ohonom
    Heno ar ein deulin.
    Daethom â'n cred gyffredin
    I fyw'r Gair â phrofi'r gwin.

Moi Parri (Tegeingl)

YSGOL

(ar drothwy agor Ysgol T. Llew Jones
ym Mrynhoffnant)

Weithiau fe fydd lleisiau'r lli a'r ogof
    O gragen yn codi
    A'r môr yn adrodd stori
    Y mannau hallt o'i mewn hi.

Idris Reynolds (Crannog)

YSGOL

Nid oes gŵyn os disgynni nac un dyn
    odanat i'th godi,
    am nad oes ond goroesi
    rhwng ei dur a'i hawyr hi.

Karen Owen (Y Rhelyw)

RHES

(defaid yn yr eira)

Lloches gynnes i'r geni – yn yr hesg,
Ond daeth rhew eleni,
Nid yw croth yn ddim ond cri
Marwolaeth yn meirioli.

Tudur Puw (Manion o'r Mynydd)

CROES

Gwyddwn fod gair a gweddi – yn amal
o gymorth i'w chodi
rywfaint; roedd rhaid ei phrofi
i mi weld mor drom yw hi.

John Glyn Jones (Hiraethog)

CV

Rhown sêr ein cymwysterau a galaeth
golud ein profiadau
mor gelfydd; yn gudd rhaid gwau'n
hanallu rhwng llinellau.

Elin Meek (Y Cnape)

LENSYS CYFFWRDD

Ar wahân, fu ond rhyw hanner golau
    i'w gael: â thwtsh tyner,
    bu'n cusanu'n gwneud i sêr
    y nos blaen daenu'u 'sblander.

Philippa Gibson (Tanygroes)

GARY SPEED

Fe gafwyd, am un funud, stori'i oes
    hyd derasau'n symud,
    ac ail-fyw goliau'i fywyd
    a wnaeth bloedd y miloedd mud.

Owain Rhys (Aberhafren)

LLEWOD

A genau hen boenau'r byd amdanaf,
    mae Daniel o ennyd
    eto'n dirgel ddychwelyd
    â rhyw ffydd i'r ffau o hyd.

Aron Pritchard (Aberhafren)

GÊM BLANT

Gweli ysgol i'w hesgyn – am y sêr,
    Ond mae sarff yn ddychryn
    Yn y gwair; fy machgen gwyn,
    Nawr dos, a rholia'r disyn.

Huw Meirion Edwards (Y Cŵps)

GÊM BLANT

('Faint o'r gloch yw hi, Mr Blaidd?')

O Sul i Sul, mewn gwisg sant, – yn llechu
    dan wisg llachar rhiant,
    mewn syrcas, gŵyl a phasiant
    mae blaidd yn aros am blant.

Mei Mac (Tywysogion)

WEIREN BIGOG

Yng Ngwendraeth Fach o achos – i hanes
    Dynhau'n cyd-fyw agos
    Mae rhuddin y ffin a'r ffos
    A'r hen weiren yn aros.

Hywel Rees (Crannog)

ADNOD

Er ei dweud, a'i dweud wedyn eto fyth
o'r sêt fawr yn blentyn,
yn gryg aeth geiriau'r hogyn:
collais fy llais fore Llun.

Rhys Iorwerth (Aberhafren)

COFBIN

Yn ôl fe'i dodais rywle – a hynny'n
Y man ro'dd ei ddechre;
Er cau ac agor drorie,
Ni alla' i wir gofio'n lle.

Bryan Stephens (Beirdd Myrddin)

NIGEL JENKINS

Penrhyn Gŵyr sy'n synhwyro, ac adar
fel gwaed y machludo
yn watwar, na chlywn eto
hen alaw sacs ei lais o.

Dafydd John Pritchard (Y Cŵps)

GRID GWARTHEG

(ymson coedwigwr)

Â drymrol pedair olwyn – daw gwawr fawr
Cyfaredd y gwanwyn
Cyn bod y diwrnod yn dwyn
Yr holl goed i'r lli' gadwyn.

Hywel Griffiths (Y Glêr)

CYFRINAIR

Y mae ynof bob munud – ryw enw
sy'n gyfrinach bywyd;
gair a rhif yw gŵr o hyd,
gair a rhif yw'r gwir hefyd.

Karen Owen (Fforddolion)

HUNLUN

(ymson merch ysgol ar Facebook)

Yn rhad cewch fy nireidi, – cewch fy ngwallt,
cewch fy ngwg fach secsi
dair-ar-ddeg, cewch fy rhegi,
cewch fy oll: jyst liciwch fi.

Gruffudd Owen (Ffoaduriaid)

GWYRTH

Fel chwa nefol at holwr, – heb ateb
    Ond y botel lwgwr,
  I'r adwy daw gwaredwr
  Dry'r gwirod yn ddiod ddŵr.

Idris Reynolds (Crannog)

GWYRTH

Yn dyner o'i hadenydd daw egni
    A dygnwch aflonydd
  A'i hanal uwch y gweunydd
  Dradwy yn rhyferthwy fydd.

Aled Evans (Beirdd Myrddin)

GWANWYN

Rhoed y sgôr i gantorion y gwanwyn
    gynnau, ac yn brydlon
  pan fu yntau'n dechrau'r dôn
  fe fu ateb i'w faton.

Philippa Gibson (Tanygroes)

GWANWYN

O wlad i wlad, bu blodau yn araf
flaguro drwy'r oesau
yn y coed, a strydoedd cau
yn egino â gynnau.

Aron Pritchard (Aberhafren)

TYWOD

Ryw un hwyr, pob gronyn a aeth – i'r môr
mawr mud, ond mewn hiraeth
troi o hyd mae'r mymryn traeth
dudalennau chwedloniaeth.

Gruffudd Antur (Penllyn)

TEGAI ROBERTS

Mae'n wir nad oes dim mewn iaith ond gwyddor.
Ond gwyddai hon rwydwaith
o eiriau pur a drôi'r paith
yn ôl yn ffrwythlon eilwaith.

Llŷr Gwyn Lewis (Ffoaduriaid)

MENTER
(Radio Beca)

Yn ôl drachefn dros gefnen y Radio
    Daw'r gweithredwyr amgen
    A'u cof yw'r asgwrn cefen
    A fala iet Efail Wen.

Idris Reynolds (Crannog)

1914

Er i'r lloer fendithio'r llwyn, yn gysur
    dros y gwas a'r forwyn,
    o dan eu lleuad wanwyn
    rhuddai Mawrth eu ffriddoedd mwyn.

Hywel Griffiths (Y Glêr)

GWEITHDY
(Gerallt)

Yn ei gornel, trwy'r cwarelau llachar,
    Yn lloches ei lyfrau,
    Y'i gwelwn, pan oedd golau'n
    Ei gell, cyn i'r llenni gau.

Ifan Prys (Caernarfon)

GWEITHDY

(stydi'r bardd)

Dal un gwyfyn mewn gefel o eiriau
A wna'r saer, a'i ddychwel
Liw nos a'r golau'n isel
I gocŵn brawddegau cêl.

Hywel Griffiths (Y Glêr)

PREGETH

Yn rhy fyddar y rhof iddi naw wfft
o dan haul a glesni
haf o hyd. Ond clywaf hi
fin hwyr, a finnau'n oeri.

Rhys Iorwerth (Aberhafren)

PREGETH

(Y Parchedig Gapten John Williams, Brynsiencyn)

Ewch â gwên, ewch â gynnau – yn enw'r
Un Oen, rhoi'ch bywydau
I Dduw Nef yn fyddin iau,
Ewch i ladd â chelwyddau.

Tudur Dylan Jones (Tir Iarll)

CLWYF

(William Pooley)

O ŵydd angau fe ddihangodd – unwaith
    ac yna o'i wirfodd
  at riddfan y truan trodd
  eilwaith, ac fe'i hanwylodd.

John Glyn Jones (Hiraethog)

CÂN

('Moelyci', Steve Eaves)

Ym mlŵs y cwmwl isel – fe welaf
    y foel ar y gorwel;
  y smwclaw'n dyrnu'n dawel
  a'r oerni mawr yn ymhél.

Gruffudd Antur (Penllyn)

CORON

Nid oedd, yn reddfol, yn dallt – ymgreinio
    am goronau emrallt
  eu Tŵr nhw; trwy wyn ei wallt
  un iorwg oedd un Gerallt.

Myrddin ap Dafydd (Tir Mawr)

CORON

Wrth ei hennill, nid enillwn na meirch,
  na merched, na phensiwn:
ond mae hi'n alwad, mi wn,
ac, am oes, mae'n gomisiwn.

Guto Dafydd (Tywysogion)

FFENS

Rhag i fwystfilod ddifrodi – fy ffau,
  rhois fy ffens amdani
a bu'n gadarn ei harn hi,
ond treiddiai'r rhewynt drwyddi.

Philippa Gibson (Tanygroes)

DYLETSWYDD

Pa un a dynnaf o'r pair? – Fy wyres
  A'i hyfory disglair,
Neu 'Nhad sy'n gaeth i'w gadair
Yn ei ddoe gyda'i ddau air?

Geraint Jones (Bro Alaw)

GWARANT

(John Rowlands)

Grym athro yw gwŷr i'w meithrin – ac roedd,
    yn y gwres yng nghegin
    seminarau'r gwydrau gwin,
    le i bawb yn Nôl Bebin.

Ifan Prys (Caernarfon)

LLAETH

(Ni a'r Ffermwyr)

Gwyliwn bob ceiniog welw yn ein llaw,
    heb weld lliw'r gwir elw,
    nac anghyfiawnder chwerw
    ein dwrn ni'n eu godro nhw.

Mererid Hopwood (Fforddolion)

BRWSH

Yn ddig fy hwyl fe'i gwyliwn, – Dad a'i gŵyr
    Du gwydn yn nefosiwn
    Bore Sul syber, a sŵn
    Y brwsh yn berorasiwn.

Eurig Salisbury (Y Glêr)

BRWSH

O roi'n ysgafn rai dafnau – o'n hanes
Ar wyneb cynfasau,
Y mae oel ei holl themâu
I Aneurin yn eiriau.

Dai Rees Davies (Ffostrasol)

PEIRIANT

Er na egyr i'r curo, fe erys
ei leferydd heno,
yn nhir oer ei gartre o,
i ateb, ateb eto.

Mari Lisa (Fforddolion)

POTEL

Ei rhoi i'r don a'r ewyn – nos o haf
wnes i, ond ddaw rhywun
i glywed na ddaeth wedyn
y don yn ôl ... hyd yn hyn?

Tudur Dylan Jones (Tir Iarll)

POTEL

Erioed yn fy seler i – hen hunllef
o winllan sy'n chwerwi
mewn potel ddofn. Rwy'n ofni
yn sobor ei hagor hi.

Gruffudd Owen (Ffoaduriaid)

THEATR

Es i weld wynebau'r sêr – yn eu hwyl,
Ond gwelais drwy'r amser
Wyneb a loes ein byd blêr,
Anifail a'i fyw'n ofer.

Robat Powel (Tanau Tawe)

THEATR

Troedio dan olau trydan ar alwad
y rheolwr llwyfan,
a chreu'r rôl wrth chwarae'r rhan.
Tywyllwch. *Exit*. Allan.

Owain Rhys (Aberhafren)

GERALD WILLIAMS, YR YSGWRN

Arhosodd yn nrws ei groeso; – cadwodd
Y coed wedi'u cwyro;
Mae archif canrif y co'
Yn dân ar aelwyd yno.

Myrddin ap Dafydd (*Tir Mawr*)

UN O AWYRENNAU DIBEILOT
ABER-PORTH

Diwingo y daw angau – o'i haden,
Heb na gwaed na dagrau
I'w baeddu, heb weld beddau;
Sgwriwn ni'r byw sgriniau'r bae.

Huw Meirion Edwards (*Y Cŵps*)

GWYDDBWYLL

Yn hirfaith daw'r anorfod – a heno
mae'r brenin yn gwybod
o bishyn i bishyn bod
awr ei ddifa ar ddyfod.

Gruffudd Owen (*Ffoaduriaid*)

LLWYBR

Ym mhen y lein mae 'na lôn – i 'nhynnu
    dros fawnog ac afon
    a hen sarn; mae yno sôn
    pwy yw pwy rhwng copaon.

Myrddin ap Dafydd (Tir Mawr)

LLWYBR

I dref tu draw i'r afon, i dafarn
    lle nad wyf, ar gyrion
    rhywle o hyd y mae'r lôn
    na wn lle mae hi'n union.

Rhys Iorwerth (Aberhafren)

RHAW

Gafael yn nhraeth atgofion – a wna hi
    yn nhywod adfeilion
    hen gaerau ei chwaraeon
    a sisial dial y don.

Berwyn Roberts (Hiraethog)

RHAW

Celwyddog ar ddydd claddu yw'r weddi
adroddais. Serch hynny
yno roedd Duw ym mhridd du
fy ngwreiddiau'n fy ngheryddu.

Gruffudd Owen (Ffoaduriaid)

CIST

('Y Gân Olaf')

Daw i'r haul y derw'r eilwaith. – O'r llwch,
daw'r llais fu'n arf unwaith
ac o'r nos daw esgyrn iaith
inni geibio i fedd gobaith.

Myrddin ap Dafydd (Tir Mawr)

BWYSTFIL

Un o fintai dan fantell – yr uniawn
yw'r un sydd yn cymell
y difa o'i ystafell;
hawdd i bawb yw lladd o bell.

Berwyn Roberts (Hiraethog)

POTSIWR

(Dai'r Aber)

Dai a fagwyd â'i fagal yn ei law,
    Uwchlaw'r pysgod grisial;
A'r hen Dai? Daliai i'w dal
Drwy awdurdod ei ardal.

Tegwyn P. Jones (Llew Coch)

DOL

(Baby Tears)

Yn fydol ddyrchafedig – mae'n crio,
    Mae'n creu ein Nadolig;
Eto heddiw, briw yw brig
Y fodel anghofiedig.

Geraint Volk (Glannau Teifi)

DOL

(cafodd fy merch yr union ddol roedd hi wedi
gofyn amdani gan Siôn Corn)

Yr un rhodd fach, nid y sachaid, – a ddaeth
    â'r wir ddawns i'w llygaid.
O'i chael yn llond ei chowlaid
daw'r wên sy'n credu o raid.

Anwen Pierce (Tal-y-bont)

MARCHOG

Drwy'i einioes o drywanu – yn rhu'r cyrn
A'r carnau'n pystylu,
Ennyd fer o orchest fu.
Ar asyn daeth yr Iesu.

Tudur Puw (Manion o'r Mynydd)

MARCHOG

(David Bowie)

Daliaist hyd ben y dalar i dorri
trwy diroedd yn flaengar
a herio'r diawl ar dy war
ar geffyl gwelw'r giaffar.

Llion Jones (Caernarfon)

DYDD GŴYL DEWI

Dros Gymru'n dân fe ganaf heddiw'r dydd
hi'r diwn ar ei huchaf.
Fory ar dro, nodio wnaf
i'r diwn ar ei Phrydeiniaf.

Aron Pritchard (Aberhafren)

DYDD GŴYL DEWI

Hawdd iddi hi'r dyddiau hyn yw towlu
    ei phetalau melyn.
    Ble'r aeth geneth y brethyn
    yn dlws i gyd, a'i les gwyn?

Mari George (Aberhafren)

DEFOD

(Te angladd)

Tebot parod a blodau, – lliain gwyn
    Llawn o gacs y dagrau,
    A'r wawr o ddu yn rhyddhau
    Adenydd dros frechdanau.

Idris Reynolds (Crannog)

DEFOD

A'r ddôr yn gilagored, – un yn llai
    at ein llan sy'n cerdded,
    gŵr â'r iaith fu'n rhan o'i gred,
    un yn llai o'r cyn lleied.

Geraint Roberts (Fforddolion)

RHEOL

Ei nod yw ein ffrwyno ni – i'n cadw
Rhag ceudod trybini,
Er hyn, er ei chyngor hi,
Erys y wefr o'i thorri.

Iwan Bryn James (Y Cŵps)

IS-DEITLAU
(S4C, 2016)

Drwy'n tonfedd, yn slei heddiw – i'n nyth gain
Daeth y gog lawn ystryw,
Yno'i champ fu geni'i chyw
A gwadu mai cog ydyw.

Richard Parry Jones (Bro Alaw)

HEDYN

Pwy wad y chwyldroadau – annelwig,
Er nas gwelwn ninnau?
Dan gêl nid yw'n y golau
Hedyn mân ... ond yno mae.

Eurig Salisbury (Y Glêr)

CARDOTYN

(Port Talbot)

Daeth y dur o'i llafur yn lli oesol,
 ac fe gawsant ganddi
 orau glas ei hurddas hi.
 A'i thâl wedyn? Ei thlodi.

Gwenallt Llwyd Ifan (Tal-y-bont)

GOBENNYDD

Mae'n troi ei ben eto heno – estyn
 am ei chlustog, ceisio
 ei chael yn ei freichiau o'n
 dyner ... ond nid yw yno.

Gruffudd Owen (Ffoaduriaid)

BOTWM

Y mae arf rhyngof a gofid y byd,
 ag un bys caf newid
 y llun heb fwrw fy llid,
 ailweindiaf i'r hen lendid.

Llion Jones (Caernarfon)

GORCHYMYN

Rho dy fys ar dy wefusau, cariad,
    rhag cerrynt y geiriau
clên, rhag y torri c'lonnau
a sŵn y môr o gasáu.

Nici Beech (Criw'r Ship)

GORCHYMYN

Wrth reddf cadwn ddeddf un ar ddeg, yr un
    Na roed ar y garreg –
I ni beidio bob adeg
Gael ein dal – a'i galw'n deg.

Huw Meirion Edwards (Y Cŵps)

DUR

Cwynais er gwaetha'r cyni – am nwyon,
    Am niwed y ffatri,
Ond ddoe, yn ei chystudd hi,
Ro'n i eisiau'i ffwrneisi.

Hywel Griffiths (Y Glêr)

CYFRI

Aeth fflam wen y fellten fud yn dywyll;
　　　Un, dau ... ac mewn ennyd,
　　Clatsien yn gynnen i gyd –
　　Awyrgylch yn troi'n ergyd.

Emyr Davies (Tir Iarll)

CYFRI

Rhywle bydd Cymro olaf, ei eiriau
　　　yn oeri yn araf
　　a'i lais a'i holl ddwedyd claf,
　　dienw fydd amdanaf.

Aled Evans (Beirdd Myrddin)

GWISG

(Ewros 2016)

Mi dynna' i'r crys amdanaf, yna mynd
　　　Draw am iard bois mwyaf
　　Ein hysgol, a phan wisgaf
　　Y lifrai hwn, ni lwfrhaf.

Emyr Davies (Tir Iarll)

GWISG

Wedi'r gwaed a'r ergydio, y dillad
    sy'n dwll, ond rwyf heno'n
    sŵn y fyddin ddiflino'n
    ail-fyw'r cyrch yn lifrai'r co'.

Aron Pritchard (Aberhafren)

PILI PALA

(Cassius Clay)

Gan fod cyffion aflonydd – ei enw'n
    gadwyni cywilydd,
    dyrnai'r hawl i dorri'n rhydd,
    i wneud enw'n adenydd.

Gruffudd Owen (Ffoaduriaid)

CYNHAEAF

(mae'n debyg bod ffermwyr ar hen gaeau
brwydr y Somme yn dal i ddod o hyd i aelodau
cyrff wrth iddynt droi eu tir)

Er hau hogiau i'r ffridd hon – mewn diwrnod,
    mae un dyrnwr eto'n
    rhuddo'i frain o bridd y fron
    ac yn tynnu'i gnwd dynion.

Llŷr Gwyn Lewis (Ffoaduriaid)

PENILLION AMRYWIOL

'Sibrydaf yn y storom
o ffraeo am yr iaith:
wnaiff safon ddim ei lladd hi,
nac amherffeithrwydd chwaith.'

PENILLION CLERIHEW

Roedd John Morris-Jones
Wrthi'n golchi'i drôns
Pan droth ar ei sawdl
A mynd i feirniadu'r awdl.

John Saunders Lewis
A gafodd ddewis:
Barbeciw yn ei dŷ ei hun
Neu Dân yn Llŷn.

R. Williams Parry
Wrth yfed Campari
Gafodd ddos o'r bib;
Diflannodd megis seren wib.

Yr Esgob William Morgan
A deithiodd bob cam i Fodorgan
Ar gefn siarc;
Efengyl – yn ôl Marc.

Myrddin ap Dafydd (Tir Mawr)

Roedd Charles Babbage
yn drewi fel cabej
ond peidiwch â dal hynny'n erbyn y cr'adur:
fo ddyfeisiodd y cyfrifiadur.

Gwennan Evans (Ffoaduriaid)

CAROL BLYGAIN

O ddyddiau'r hen broffwydi
Cyn ei ddod
Cyhoeddwyd am ei eni
Cyn ei ddod;
Ar daen fu'r stori flaena'
Yn drwch drwy wlad Jwdea
Â'i sïon am Feseia
Cyn ei ddod.
Am hyn bu'r hanes mwya'
Cyn ei ddod.

A Mab i Fair y Wyry
Ydoedd ef,
Yr Un a enwyd Iesu
Ydoedd ef,
Un aned yn Waredwr
I'r aflan yn ei gyflwr
I'w godi yn goncwerwr
Ydoedd ef.
Ond Crist y Tangnefeddwr
Ydoedd ef.

Rhown iddo bawb y fawlgan
Yma'n awr,
Mae'r Duwdod a fu'n Faban
Yma'n awr;
Cydunwn yn gymanfa
Yn unfryd heb atalfa
I seinio yr Hosanna
Yma'n awr.
Boed lawen Haleliwia
Yma'n awr.

Hywel Rees (Crannog)

OBSESIWN

A'u clustiau 'di'u merwino
taranodd rhai yn glir
y bydd gwlad o gamdreigladau
yn wlad heb iaith cyn hir.

'Ystyriwch y camdreiglwyr,'
medd eraill, blin fel mellt;
'O'u dychryn â chywirdeb,
fe aiff yr iaith i'r gwellt.'

Sibrydaf yn y storom
o ffraeo am yr iaith:
wnaiff safon ddim ei lladd hi,
nac amherffeithrwydd chwaith.

Guto Dafydd (Tywysogion)